日本比較法研究所翻訳叢書
72

大惨事後の経済的困窮と公正な補償
請求適格者と補償金額の決定について

ケネス・R・ファインバーグ 著

伊藤壽英 訳

WHO GETS WHAT:
Fair Compensation after Tragedy and
Financial Upheaval

by
Kenneth R. Feinberg

中央大学出版部

WHO GETS WHAT :
Fair Compensation after Tragedy and Financial Upheaval

by
Kenneth R. Feinberg

Copyright © 2012 by Kenneth R. Feinberg
First published in the United States by PublicAffairs™,
a Member of the Perseus Books Group

All Rights Reserved.
This translation published under license.
Translation copyright © 2016 by The Institute of Comparative Law in Japan

Japanese translation rights arranged
with the Perseus Books, Inc., Boston, Massachusetts
through Tuttle-Mori Agency, Inc., Tokyo

装幀　道吉　剛

原著者からの謝辞

　大惨事の後に残された無辜の犠牲者に対して，特別な基金から補償金の支払い業務を担当するという私の経歴について書かれた著書を，日本比較法研究所翻訳叢書として，今般，刊行されることになったことに，まずもって謝意を表する。私の経験を通じて，日本の読者が，このような補償金支払いプログラムがアメリカ社会に果たした役割をより深く理解し，それをどのように日本社会と対比させるのかを考えてほしいと望んでいる。

　予期できない大惨事や恐怖に，たびたび直面してしまうのは，アメリカ社会に限らない。日本と日本人もまた，過去数十年間に，同様の不幸な出来事を経験してきた。しかし，アメリカ社会が，大惨事にどのように対応してきたか，罪のない犠牲者にある程度の経済的支援を提供することにおいて，補償金支払いプログラムがどのような役割を果たしたのかを披瀝することによって，本書が，日本社会と日本人にとってお役にたつことがあれば，望外の幸せである。

　最後に，翻訳の労をとってくださった伊藤壽英教授に御礼申し上げる。

2016年1月11日

　　　　　　　　　　　　　　　　　　　　　　　　　ケネス・R・ファインバーグ

訳者はしがき

　本書は，Kenneth R. Feinberg, WHO GETS WHAT : Fair Compensation after Tragedy and Financial Upheaval, PublicAffairs, 2012. の邦訳である。著者のファインバーグ弁護士は，ワシントンDCにあるファインバーグ・ローゼン法律事務所の代表である。日本ではあまり知られていないが，アメリカではADRの専門家として著名である。9.11犠牲者補償基金の実務を一手に引き受けた際に，独裁者のイメージが強い「ペイ・ツァー（Pay Czar）」というニックネームを頂戴したが，それほど彼のイメージが一般に定着していると見ることもできる。もっとも，ファインバーグ弁護士自身は，そう呼ばれるのを嫌っていることを本書で明言している（105頁）。

　本書が論述の対象としている事例（ベトナム枯葉剤事件，9.11同時多発テロ，バージニア工科大学銃乱射事件，サブプライム危機，メキシコ湾油田掘削機爆発事故）は，わが国でもニュースで取り上げられていたので，ご記憶の方も多いと思う。もっとも，事件後に，犠牲者のために補償基金が設立され，その補償金の支払い実務がどのように行われたか，関心をもつ人は多くないだろう。本書は，大惨事後に創設された補償基金に関する実務を任されたファインバーグ弁護士の苦労話という側面もあるが，それらのエピソードのなかに，大惨事によって引き裂かれた犠牲者と社会の絆，犠牲者間の軋轢，といった深刻な問題に，法律家がどのように対応していったかの軌跡を追うことが可能である。

　ここに本書を訳出する意義があると考えるので，以下，若干の説明を付しておく。まず，ここで扱う事例は，大惨事の後で犠牲者が多数にのぼり，迅速な救済が急務であるが，既存の法制度（不法行為訴訟）では，犠牲者に実効的な救済を提供できないという現実（ジレンマ）が共通している。そこで，このような既存の法制度の「外で」救済の仕組みを創造していくのであるが，この仕組み作りには，まずもって既存の法制度に精通していて，事態がどのように推

移していくかについて，確固たる予見可能性を有することが必要である。いわば，既存の法制度のもとで，すぐれた法的専門能力を発揮できる者だけが，このような創造的仕組み作りに関与できるといえよう。次に，既存の法制度や裁判過程の「外で」，大惨事の犠牲者の実効的救済を図る場合，到底冷静ではいられない犠牲者たちの激しい感情の発露に直面して，はたしてファインバーグ弁護士は，うまく解決に至ることができるのであろうか。ファインバーグ弁護士は，犠牲者たちと個別に面談することに，彼らの傷ついた心を癒やす効果があると認めているが，おそらく，経験を積んだ実務家だけが「人間通」として対応できるのではないかと思われる。最後に，このような犠牲者の実効的な救済をしていかないと，社会の分断，コミュニティの崩壊につながるとの強い危機意識があって，ファインバーグ弁護士は自分の使命について，覚悟をもっているように見えることである。とくに公的資金を使った補償基金というのは，もともと異論のある仕組みであるうえ，補償金を受け取る者ばかりか，資金を供出する側からも不満が出てくるのを避けられない。したがって，ファインバーグ弁護士自身，毀誉褒貶の相半ばする人物であることを自覚しているようだが，それでも自分の使命として，やっかいな仕事に邁進する姿には頭が下がる。

　紛争解決制度としては，訴訟とADRが両輪となることは疑いない。これらは別々に機能するのではなく，本書が描写しているように，裁判制度をはじめとする既存の法制度がきちんと役割を果たしており，いったんそのステージに入れば一定の予見可能性が確保されるのが原則である。そうしてはじめて，ADRにおける「創造的な」解決が可能になるのではないか。わが国で，金融ADRや消費者クラスアクションの導入について，このような視点で議論されたのか，寡聞にして知らないが，今後，制度の実効性を確保するための議論がなされるとき，本書からのインプリケーションが有益であるように思われる。次に，既存の法制度を前提とした創造的なADRを担当する法律家の資質についてである。本書第1章でも触れているように，ファインバーグ弁護士自身，人生の指導者に，しかるべき時に出会えた僥倖を喜んでいる。では，そのよう

訳者はしがき　v

な僥倖がなければ，すぐれたADR専門家を輩出することはできないのだろうか。少なくとも，現在の法科大学院では「人間通」になるための教育をしていないし，そもそも「人間性豊かな者」が入学したいような制度になっていないのは明らかである。他方で，アメリカの法科大学院では，リーガル・クリニック等の臨床科目においてADRやクラスアクション・広域不法行為訴訟の実際に触れる機会を提供している。法学教育の改革論議において，法科大学院制度だけでなく，法的紛争解決による社会の連帯という視点や，人間通を育てる法学教育のあり方として，本書は参考になると考える。最後に，社会的連帯に苦心する法律家の使命について，である。大惨事後の多数の犠牲者を救済しなければ，社会と犠牲者の絆が断たれてしまうことや，個別の損害と補償だけでは，かえって犠牲者間の軋轢が生じ，分断されてしまうことは，われわれが東日本大震災と福島原子力発電所事故の後に目撃していることである。ファインバーグ弁護士は，そのような社会と犠牲者の分断や地域コミュニティにおける犠牲者間の分断を放置すると，国家そのものが成り立たなくなる，と警告する。グローバル化と高齢化の両方が進行するわが国では，今後ますます，特定の利害関係集団と社会の連帯が切断され，さらに同一コミュニティ内の格差が拡大していくことが予想される。このような社会構造の変容と法制度への影響を研究することはもちろんであるが，新しい制度の管理運営についての経験を参照しつつ，人間行動の理解を前提とした実務を担保できるように，理論的成果を提示することもまた，比較法の課題となろう。

　原著のタイトル『誰がいくら受け取るか』に象徴されるように，本書はいわゆる話し言葉で綴られているので，一面，非常に翻訳しにくい側面をもつ。さらに，上述したように，実務的経験と研究へのインプリケーションについては，とくにわが国が参考にすべきところが大きいと考えられる。そこで，翻訳にあたっては，原著の意味を汲みながら，補足的な文言をかなり挿入したことをお断りしておく。とくに日本の読者に馴染みがない箇所には，脚注として，かんたんな説明を付してある。もとより，意訳や補足が過ぎて，かえって著者の真意を誤解させたとすれば，すべて訳者の責任である。読者のご寛恕を請う

次第である。

　なお，訳者は，2014年6月に，ワシントンDCの事務所で，著者のファインバーグ弁護士とお会いしたことがある。そこで，本書の日本語訳について要望したのであるが，即断即決で，「明日，代理店から連絡が行くので，それで対応してほしい」と言われたのを思い出す。訳者の怠慢で刊行が延びたことをお詫びするとともに，翻訳の機会を与えてくださったファインバーグ弁護士に，あらためて御礼申し上げる。

2015年11月24日

伊　藤　壽　英

原著者はしがき

　本書は，過去28年にわたる私の興味深い仕事のいくつかをまとめるという，個人的な試みの成果である。それはまた，アップダウンの激しい，ADRという特異な専門家の人生でもあった。様々なタイプの，補償目的の公的資金を設計し，その管理・運営を支援するという任務は，めったにみられないものである。1984年以降，私がそのような任務に召喚されたのは5回である。しかし，それぞれの任務は，衆目監視のもとで行われ，まさしく世論の関心の的となって，行われていた。その仕事は，全身全霊をつくすべきものであり，またアメリカの歴史においても，重要な位置を占めるものであった。

　本書『誰がいくら受け取るか』は，9.11犠牲者補償基金について述べた前著『人生の値段とは何か？　9.11犠牲者の補償のための，前例のない試みについて』（PublicAffairs社，2005年）の続編である。その後，多くのことが起こったが，その一つに，9.11基金について，歴史的な視点から再検討をするという成果も含まれる（第3章参照）。本書の各章から，読者は，私の仕事について最新の情報が得られるように工夫されている。

　本書で取り上げている補償基金プログラムのすべてが，公共政策上の核心を突く問題を提起している。すなわち，なぜ，そのようなプログラムが最初に創設されたのか。どうやって設立されたのか。それが前例となるのか。これらのきわめて特殊なプログラムの知恵や努力から，われわれ国民が学んだものは何か。

　同時に，本書の示唆するところは，私が判断した補償金支払いに関する政策的インプリケーションにとどまらず，さらに個人的な思索にまで言及したことである。大惨事の被害者だけでなく，2008年金融危機後に，議会が標的とした企業の役員に対しても補償をなすことから，私が人間の本性について学んだことを概括している。

　本書でもっとも長い章は，2010年4月20日メキシコ湾岸で，石油掘削施設

ディープウォーター・ホライゾンの掘削装置が爆発し，原油が流出した事故の後，オバマ政権とBP社が設立した補償プログラムについて，当てられている。しかし，この任務に関して，私の経験を語ることには，困難が生じる。メキシコ湾岸地域被害者補償基金（Gulf Coast Claims Facility. 以下「GCCF」という）は，被害者からの請求と，請求適格者に対する支払い手続きを進めるために設立されたものであるが，現在進行中のものだからである。したがって，この章については，歴史的な視点からの検討を通じて役に立つことを得る，ということを放棄して，記述することとする。日々の出来事から，いろいろなことが姿を見せており，最終的にどのような教訓が得られるかは，まだ判断できないからである。それでも，一応の結論は，できるかぎり明確にしている。

なお，GCCFに一章を割くことは利点もある。継続的かつ同時的に発生する出来事は，依然としてマスメディアと一般国民の関心を惹いており，未だ，歴史の過去として語る一部にはなっていない。この第6章は，メキシコ湾岸の原油流出被害者が，しばしばその請求の裏付けの証明がないのに，金銭の支払いを求めるのに対して，私が毎日，毎週，どのように迅速に対応しているかを示すものである。したがって，本章は新聞記事や日記の類いのような構成であるが，将来の世代が参照する価値のある一次資料となることを希望するものである。

私が前著『人生の値段とは何か？ 9.11犠牲者の補償のための，前例のない試みについて』で直面したように，本書『誰がいくら受け取るか』を執筆するにあたって，秘密保持の問題に取り組まなければならなかった。補償の請求を申請し，あるいは政府の指示にもとづく支払いの決定に拘束される個々の市民にとって，彼らの個人情報が本書によって公にされることを予期していないからである。彼らが補償請求の申請をする，あるいはデータを提供するのは，それらの情報がすべて秘匿され，閲覧者のみとされるという期待を有しているからである。そして，彼らは正しい。秘密保持は，これらの補償プログラムに関与して，交渉する際の重要な部分を占める。したがって，本書において私は，この秘密保持と，読者に関心のある情報を提供することの微妙な境界線を進む

こととする。登場する人物名は，いくつかのケースでは変更もしくは編集されている。

　一般的な視点を抽出するために，複数の要素から成る多数のケースを利用し，また，他の申請者を代弁しているような申請者の，一連の請求を要約してもいる。私が対面したいろいろな請求申請者や企業経営者との会話をまとめるために，引用文のかたちとし，印象的な効果となった。これらの会話は記憶にもとづいている。一言一句の正確を担保するものではないが，正鵠を得たものとなっている。

　私の事務所のパートナー，マイケル・ローゼン弁護士には，とくに謝意を示さなければならない。彼は，私が公的補償プログラムに追われている間，たくさんのクライアントとの契約関係を維持し，実行するという困難な業務をこなしてくれた。また，GCCFの副管理人であり，35年以上も私の事務所と協働関係にあるカミーユ・ビロス氏（Strategic Settlement Advisors社代表）にも，とくに賞賛の意を送る。彼女は，GCCF関連の膨大な書面を読み，編集してくれた。同様に，60年以上も私の側にいて，歴史的視点を提供してくれて，本書の完成に尽力してくれた弟のディヴィッドにも感謝したい。また，私の有能なアシスタントのスーザン・シュミットとジョイス・デバースにも謝意を表する。彼女たちは文書全体の書き起こしや有益な助言をしてくれた。完璧なリサーチを支援してくれたエリザベス・アンガーはじめファインバーグ・ローゼン事務所の多大な人的貢献にも感謝する。

　私の家族，とくに妻のデディにも大きな負担をかけてしまった。長期間家を空け，遅い時間の帰宅に伴う負担に報いるには，途方もない額の補償に取り組まなければならないだろう。

　最後に，パブリック・アフェアーズ社の編集担当には特別に謝意を申し上げる。本書は，同社から出版される2冊目の著書であるが，引き続き，彼らから有益なアドバイスをいただいた。

ケネス・R・ファインバーグ

目　　次

原著者からの謝辞
訳者はしがき
原著者はしがき

はじめに………………………………………………………………… 3

第1章　私の人生に影響を与えた人びと
　　　　――大学教授，裁判官，法律家そして上院議員―― ……… 11

第2章　ベトナム戦争と枯葉剤後遺症
　　　　――被害者間の連帯を目指して―― ……………………… 33

第3章　9.11犠牲者補償基金
　　　　――公的資金による救済は妥当か―― …………………… 51

第4章　バージニア工科大学銃乱射事件
　　　　――命の価値の平等―― …………………………………… 73

第5章　公的資金による金融機関救済と役員報酬
　　　　――あなたの力を信じる！―― …………………………… 93

第6章　メキシコ湾岸地域原油流出事故
　　　　――パーフェクト・ストーム――………………………… 131

エピローグ
　　──公的な補償給付制度という感覚──……………………187

付　　　録……………………………………………………203

大惨事後の経済的困窮と公正な補償

請求適格者と補償金額の決定について

はじめに

　1984年4月，ニューヨーク市ブルックリンの連邦裁判所法廷に着座したジャック・ワインスタイン判事が宣言したのは，ベトナム戦争に従事した間に枯葉剤「エージェント・オレンジ」を浴びたベトナム帰還兵25万人からなる原告団が，それまで口頭弁論の審理がないまま9年間も継続した，1億8,000万ドルの支払いを求めるクラスアクションを，和解によって解決することに合意した，ということであった。その6週間前，ワインスタイン判事は，その和解金に関する特別管理人に，私を指名していた。私は，丸一昼夜に及ぶ交渉の末，身の回りの物だけもってブルックリンで暮らすこととなり，退役軍人と化学業界が複雑な紛争の解決に至るよう腐心することとなった。この和解金のすべては，国防総省のために枯葉剤を製造したダウ・ケミカル社，モンサント社その他六つの化学メーカーが提供するものとなった。ベトナム帰還兵たちの主張するところによれば，肉体的損傷，疾病および死亡の多くは，エージェント・オレンジ（枯葉剤）に含まれる主要化学成分である発がん性ダイオキシンに被爆したためである。しかし，ワインスタインは，かりにこのクラスアクションが十分に理由のあるものであったとしても，帰還兵個人が，その者の障害または疾病と当該化学物質の被爆との個別的な因果関係を完全に証明することはできないだろう，と考えていた。だから，彼らは和解すべきなのだ。公正な和解をしなければ，この帰還兵たちは，必要とされる医療支援を受けられないだろう，と。

　この和解は，裁判所への提訴の道を閉ざすことになったが，重要な問題が未解決のままだった。たしかな医学的証拠を欠いたまま，これらベトナム帰還兵は1億8,000万ドルのうちのいくらかを受け取ることになるのだが，それはいくらなのか。どのような根拠にもとづいて，請求適格者と補償金額が決定され

るべきなのか。金銭を分配することとなっても，次の質問が依然として残っている。誰が，いくら受け取ればいいのだろうか。

既存の法制度には前例のない先駆的なやり方として，ワインスタインは，全国で正式な聴聞会を開催し，帰還兵たち自身に，和解金からどのように金銭を分配するつもりかを尋ねることとした。彼に陪席しながら，驚きをもって聞き入ったのは，これら帰還兵の主導者たちが，金銭の分配について，彼ら自身のためではなく，彼らよりもっと金銭を必要とする戦友たちのために，と訴えたことである。補償金をめぐる争いは，このケースでは，すべての人が犠牲者だと考えられるアメリカ社会にとって，きわだって深い同情の念を呼び起こしたのである。ワインスタインが決定し，私が執行することになった和解案は，ベトナム戦争がわれわれの社会に残した，修復不能と思われる深い爪痕に対する，斬新な解決策であった。この解決策は，このようなやり方で，法の外で決められる補償の仕組みとしては，最初で—そして最後のもので—あろうと思っていた。

それから数年後，9.11同時多発テロによって，再び同じ質問が提起された。「誰がいくら受け取るべきか」。テロ攻撃のわずか13日後，ワールド・トレード・センターおよび国防総省に対する攻撃によって死亡もしくは傷害を受けた被害者，および（テロに使用された航空機）4機の乗客に対する補償金支払いのための救済基金を，公的資金の導入によって設立する旨の法律が制定され，ただちにジョージ・W・ブッシュ大統領が署名して発効した[1]。この法律のもとで，請求適格を有する被害者は，任意に訴訟提起権を放棄することができるが，その代わり，非課税の補償金の支払いを受ける，という内容である。

ジョン・アシュクロフト司法長官は，この救済基金による補償金支払いプログラムを実施するための仕組みを設計し，実施し，基金を管理するための特別管理人として，私，ファインバーグ弁護士を任命した。この特別管理人に任命された後の33ヶ月間に，死亡した犠牲者の2,880家族と，負傷した被害者

---

[1] 航空安全システム安定化法。本書51頁以下。

2,680人に対して，70億ドルを公的資金から支払った。新法には，補償金受取の適格性について一応の指針は示されていたが，個別の支払い金額決定については，特別管理人に広い裁量が与えられていた。最終的には，平均して死亡者に200万ドル，負傷者には40万ドルが支払われた。この法律は，こういった困難な決定を，特別管理人である私―私にのみ―行うよう求めていた。

　テロの恐怖のさなか，スタッテン島行きファリー乗り場まで避難するよう誘導していたワールド・トレード・センター職員と協力していたニューヨーク市警の警察官が，フェリーがスタッテン島に到着したとたんに心臓麻痺で死亡した場合，はたしてこの警察官は，救済基金から支払いを受取るべき適格性を有するのだろうか（私は，請求適格あり，と判断した）。ワールド・トレード・センター崩壊に伴う噴煙がハドソン川上を浮遊して，隣のニュージャージーまで到達し，その噴煙を吸い込んだために呼吸器系の疾患が生じた，ジャージーシティの住人はどうか（適格なし）。支払額に差異を設けるべきか。たとえば，ワールド・トレード・センターで死亡した犠牲者のうち，死亡した証券投資家（保有する金融資産が多額に上る）の妻子と，同センター内のレストラン「ウィンドウズ」で皿洗いの職に就いていた移民の家族とで，支払いを受ける額に差異を設けるべきなのか。誰がいくら受け取ることになるのか。これらの問題に対する解決方法は，伝統的な法律分野には存在せず，しかも，その判断は私に委ねられていたのである。

　6年後の2007年10月のある晴れた日，バージニア州立工科大学（以下「バージニア工科大学」という）で，精神疾患のあった同大学生が，銃で重武装し，27人もの同大学学生と5人の同大学教員を射殺するという事件が起こった。この犯人は，大量殺戮後，バージニア工科大学の牧歌的なキャンパスを歩き回り，これらの武器に銃弾を再装填すると，ノリス・ホール寮内で自殺した。32人の死亡者に加えて，75人の学生が，銃弾に当たり，あるいは逃げる際に負傷した。さらに300人の学生は，学生寮，隣接するビルあるいはテレビニュースなどで，この悲惨な場面を目撃したため，精神的な問題を抱えるようになったと主張した。

アメリカ社会に特徴的な寄付文化により，善意の個人からの寄付 7 億ドル以上がバージニア工科大学のチャールズ・スティガー学長のもとに寄せられた。今度は，スティガー学長が，「誰がいくら受け取るべきか」を判断する番となった。バージニア州ブラックスバーグ市にあるバージニア工科大学の学長とその執行部は私に支援を求め，われわれが請求適格を有すると認める犠牲者の家族に，この寄付金からの金銭を，公正かつ迅速に配分するプログラムを策定するよう依頼した。死亡した犠牲者の家族はすべて同一金額の支払いを受けるべきか，生涯賃金を逸失した，死亡教員の家族は，死亡した学生よりも多額の金銭を受け取るべきか。寄付金 7 億ドルを，死亡した犠牲者と負傷した犠牲者の間で，どのように配分すべきか。負傷の程度を考慮して，補償金額に差異を設けるべきなのか。銃弾によって胸を負傷した学生と，銃の乱射から逃れるために窓から飛び降りて，足首を負傷した学生とで，受取額に差異を設けるべきか。外傷はないが，精神的トラウマとなった学生に，たとえばその治療のために心理カウンセラーにかかった費用は支払われるべきか。「誰がいくら受け取るべきか」を，私はどのように判断したらいいのだろうか。

2009 年 2 月，再び，ある補償金支払いプログラムが全国ニュースの耳目を集めることとなった。ウォール・ストリートの強欲さに対する世論の怒りに対応するため，議会は経済の崩壊をおそれて，先例のない，ユニークな法律を制定した。すなわち，アメリカ経済の崩壊を防止するため，400 社以上に公的資金を注入するとともに，政府はこれら企業の役員に説明責任を求めるというものであった。財務省は，最も多額の公的資金を注入された 7 社の中核となる役員・上級職員について，実際に適切な報酬額を決定する責務を担うこととなった。しかし，誰が事例ごとに判断するというのだろうか。再び，私は召喚されることとなった。

財務長官によって TARP 役員報酬基金[2]の特別管理人に指名された私は，公的資金からの支払業務を一手に担当する者，すなわちペイ・ツァー（Pay

---

2) 金融システム安定化法の下で創設された不良資産買取プログラムのこと。本書 93 頁以下。

Czar）として仕事することになった。この7社のトップの報酬パッケージについて，私は，それが適切かどうか評価し，承認を与えるという業務を一手に引き受けることとなった。16ヶ月間，当該企業の役員と面談し，誰がいくら受け取るべきか，判断することとなった。ただちに，産業界とウォールストリートの間に，役員報酬についての考え方に大きな差異があることが判明した。役員報酬をめぐってワシントン（と，その後に予定される選挙戦）で政治的対立に油を注いだだけでなく，個々の報酬決定が銀行家の過大な自己評価にすぎない，との象徴となった。これら7社の役員との面談では，感情的な対立が支配したのである。

それが，一つの危機ですまないことを示すかのように，2010年4月，ディープウォーター・ホライズン石油掘削施設がメキシコ湾で爆発し，石油掘削機で働く11人の従業員が死亡し，2億ガロンの原油がメキシコ湾に流出した。アメリカ史上最大の環境汚染となり，当該地域の個人や事業者，とくにメキシコ湾の資源に依存していた漁業者・養殖業者・観光業・飲食業などに金融不安や経済的損失への懸念が広がることとなった。

世論からの激しい抗議と，オバマ大統領からの強い圧力を受けて，ブリティッシュ・ペトロリアム（BP）社は，掘削施設爆発とそれにつづく油濁汚染について，前例のないことであるが，すべての被害者を救済するための資金200億ドルを用意することに合意した。しかし，どのようにして，この救済資金からの支払いを行うのか。個人や事業者は請求額をどのように証明するのか。もう漁業を継続できなくなった漁業者については，相対的に簡単に決められるかもしれない。しかし，油濁地域から遠く離れたホテルの経営者が，ディープウォーター事故の風評により，売り上げが半分に減少したことをもって損害だと主張したらどうか。

私は，メキシコ湾岸地域被害者補償基金 Gulf Coast Claims Facility（以下「GCCF」という）の特別管理人に任命されてしまった。そして再び，請求適格者と補償金額を決定するという困難な問題に取り組むこととなった。

＊　＊　＊

　キャリアを通じて，私は，きわめて公益的色彩の強いやり方で法執行しなければならないときに，召喚されてきた。通常は，このような補償金支払い業務を担当することを望んだことはないし，実際にもそのような業務はまれである。しかし，いったん大惨事が起こって，政策立案者が補償金支払いプログラムを創設することによる解決を目指すときには，私はそのような公益的任務への召喚を受諾することにしている。

　しばしば分かりきった質問を受ける。「なぜ君なんだ，ケン」，「そんな難しい問題を調整し，取り組むべき人間だとみんなが君を求めるのはなぜだ」，「どのようにして，道義的，法的，経済的な問題を，公正に解決できるのか」，「君の判断に対する批判や異議が表明されたとき，どのようにして自分の正気を維持していけるのか」，等々。

　第一の質問―なぜ私なのか―については，個人的な経験のなかで，偶然に起こったこと，としかいえない。枯葉剤事件で和解基金管理人業務を経験したことは，9.11犠牲者救済基金の管理人として任命されることにつながったようだ。その次は，バージニア工科大学のスティガー学長によって，バージニア工科大学における銃乱射事件に伴って設立された犠牲者追悼基金の管理運営を，9.11事件の縮小版として，任されることとなった。こうした仕事のおかげで，ガイトナー財務長官は，ウォールストリート救済基金から企業経営者に対して支払われる報酬の決定に関するする任務を，私に与えることとなった。このような厳しい任務の後に，BPによって設立された，メキシコ湾岸地域被害者補償基金の管理運営業務に取り組むのは，自然のなりゆきであった。任務の成功は次への信頼を醸成する。同時に，私が引き受けない限り，誰も引き受けない任務でもある。

　私の専門はユニークである。すなわち，弁護士業務を担当するが，そのうちの一つとして仲裁・調停・和解の業務もこなす。枯葉剤事件で和解の業務を開始したとき，専門を同じくする実務家はほんのわずかであった。現在でも，裁

判外紛争解決（Alternative Dispute Resolution. 以下「ADR」という）として知られている私の専門分野は，法体系全体からすればほんの小さな領域であるが，成長しつつある分野でもある。実定法に通じている法律家のほとんどは，いくつかの専門分野のうちでも，訴訟，企業合併，信託・不動産などに集中することによって，専門家としての成功をおさめたいと思っている。しかし，私のようにADRを専門とする法律家は，そのような分野ではほとんど声がかからない。

　今日までの私のキャリアのなかで直面した問題から，私は多くのことを学んだ。それは，特別な補償金支払いプログラムを設計し，運営することについて，実務的に詳細な知識を身につけることができただけではない。人の命や暮らしの価値を評価するには，はるかに大きな理念的な問題に，最初に取り組まなければならなかった。すなわち，公的または私的な資金を特定の市民に補償するために使用されるべきとされる理由は何か。とくに，他の者に対しては，同様の寄付金を使用することが否定される場合には，その理由が問われる。また，政策立案者たちは，その当時は，多くの問題をはらんでいるとして，顧みられることのなかった特別な補償金支払いプログラムを設立しようとするのはなぜだろうか。われわれの社会における金銭支払いの役割はどういったものか，心的外傷を負った心を癒やし，われわれの間を分断する対立を和らげるために政府が果たす役割はどういったものか。

　われわれが，金額を提示することを，それだけを支払う価値があると，自動的に思い込むのはなぜか。社会によっては，「償うこと（補償）」というのは，非金銭的なものと定義されうる。たとえば，違法な行為をした者による謝罪が，その違法行為が是正されるまで，金銭の支払いをすることなく，被害者を支援する意思を表すものであったり，一方当事者から他方当事者へ私物を引き渡すことが非金銭的補償の代わりとされたり，また，不正が人間的本性の一面を表すものとして受け容れられ，いかなる類型の私的賠償も考えない場合に厳格責任の枠組みを設定することなどである。このような社会では，違法な行為をした者から被害者に金銭を交付することが，「補償（償うこと）」の根本原理

とならない。

　しかし，アメリカでは建国以来，金銭賠償の原則が法体系の根幹をなしている。法の運用はつねに裁判制度に依存しており，弁護士が対峙する二当事者対審構造が，真実に到達し，正しい結果を促進する最善の方法と考えられてきた。アレクシス・ド・トクヴィルは，1840年にアメリカ旅行を敢行し，19世紀アメリカ全体について，次のように注記した。「アメリカ合衆国では，早晩，法の国家への道へ進むという政治的な課題に直面することになるだろう。」[3]

　それゆえ，本書ではアメリカ社会で所与のものとして受け容れられている考え，すなわち，補償とは一方当事者から他方当事者への金銭の移転であって，その者がそれを受け容れたときは，ある価値について他の要素を検討するよりも，支払小切手の金額が重要となる，という考えに焦点を当てることとする。1984年の枯葉剤事件から始まって，2012年のメキシコ湾岸地域被害者補償基金の管理運営に至るまで，ここで提起されている真の問題は共通している。すなわち，全国規模で認識されている大惨事に対応するために，われわれはいつ，どのような状況のもとで，特別な補償金支払いシステムを設立するのか，ということである。限られた状況のもとで，誰が，公的または私的は補償金を受け取る資格を有するのだろうか。最終的に，いかなる金額の補償金が適切であると認められるのか。過去28年間にわたる私の個人的な経験によって，私は，このような公共政策上の問題に取り組むにあたって，ユニークな視点を得るに至った。

　私は，「補償金の請求適格者と補償金額（誰がいくら受け取るか）を決定する」ことが，これまでほとんど探求されてこなかった，人間の本性の問題を明らかにする，重要な問いかけであることを学んだ。この後の本書の記述において，これらの問いかけに対する私の回答—暫定的で，未完成ではあるが，検討に値する—を読者のみなさんと共有したい。

---

3) トクヴィル（松本礼二訳）『アメリカのデモクラシー第一巻（上）』（岩波文庫，2005年）157頁以下参照。とくにアメリカのデモクラシーと司法権の役割について一章を割いている。

第1章

私の人生に影響を与えた人びと
——大学教授，裁判官，法律家そして上院議員——

　人生は思い通りにならないのが常である。それにはさまざまな理由があるが，しばしば予測のできないことがあるからである。専門家として成功する機会を失うことは一見不幸だが，結局は幸福につながったりもする。病気，人間関係，家族間の諍い，経済的問題，人生目標の変更，こういったことのすべてが考えてもみなかった方向へ私たちを導くのである。

　自分の法律専門家としてのキャリアの多くを，よく知られた大惨事によってもたらされた被害を回復しようという仕事に費すことになるとは，思ってもみなかった。もし，テロリストがワールド・トレード・センターや国防総省に突っ込まなかったら，もし，錯乱した殺人鬼が，バージニア工科大学で無差別に銃を乱射しなかったら，もし，石油掘削機がメキシコ湾で爆発しなかったら，もし，アメリカが，大恐慌以来最悪の金融危機に見舞われなかったら，私は，一般市民の知らないところで，紛争処理や相手方と交渉するという人生を送っていただろう。願わくは，同僚や家族からの敬意と賞賛を得て，法律実務に携わっていることに満足し，経済的な成功をおさめる一方で，個人や事業者の争いを解決することによって，彼らが法廷に関わらないようにすることに個人的な満足を得ていただろう。

　私は，第二次世界大戦後の数年間，マサチューセッツ州ブロクトン郊外で少年時代を過ごしたが，そこでは深淵で，永続的な影響を受けることになった。3人の子供が好きでしかたない，尊敬すべき父親と，家族を第一に考える母親に養育され，私は，いつかどこかで，功成り名を遂げる人生を送ると，子供の

頃から確信するようになった。

　第二次世界大戦後，ブロクトンはとても興味深い町であった。靴生産の中心地（南北戦争時，北軍兵士の半数はブロクトンで生産された軍靴を履いていた）に住んでいたので，住人は，過去の成功や戦後に訪れる明るい兆しをよく覚えていた。ブロクトンには，イタリア人，アイルランド人，穏やかで力強いユダヤ人とともに，独立戦争時までに血統を遡ることができる，昔気質の新教徒のアメリカ人が，多数，混在して住んでいた。ファインバーグ家の3人の子どもとその友人を含む，ブロクトンの住人は，人生に障害があっても，それを乗り越えることができると信じていた。

　両親に愛されているという安心感がこのことと深く関連していたのはもちろんだが，それ以上のものがあった。同化―自分たちは第二次世界大戦後の現代アメリカ社会において欠くことのできない一部であるという非常に強い信念が当然のものとされていたのである。そして，固い絆のユダヤ人社会（ブロクトンには三つのシナゴークがあった）は，勤勉と個人の主体性に，コミュニティの支援と，困ったときにはお互いの助け合いが必要だと認めるコミュニタリアン的倫理観が伴えば，とくに前途有望な世代は，経済的成功と個人的な幸福は保証されたも同然だという価値観を強めた。

　このようなコミュニタリアン的な信念と義務感についての考えは，今後も私の人格の一部をなすであろう。コミュニティへの回帰，コミュニティ共通の価値観の維持に貢献すること，全体としての友好関係―こういった特質が，良き市民を特徴づける目標であった。これらが，私の公職あるいは個人的な仕事にとって，重要な根本的価値観をもたらすこととなった。

　もう一つ私に強い影響をあたえたことがある。私の10代は，マサチューセッツを真に代表するジョン・F・ケネディ大統領の時代と重なる。この若くて，精力的な新大統領，その美貌の妻と子供たちは，私を虜にしたし，われわれはみな興奮したものだった。彼が公的義務を強調した演説は，私の心の琴線にふれた。われわれの1人1人が，それぞれ国家のために何かをせよ，という演説は，ブロクストン出身の10代の若者に大きな影響を及ぼした。公共の利益の

ために働くことは，気高いことであると同時に，人生を充実させるものであるという考えを，私はずっと持ち続けることとなった。政府—信頼できる政府—は，すべてのアメリカ人の生活を向上させる支援ができる。政府のそのような仕事の一部を担当したいと思うようになった。

　1950年代60年代のブロクトンは，人格を形成し，人生で優先して行うべきことを決めた。自分の人生は自分で決められる，ということを教えてくれたのである。

＊　　＊　　＊

　私は，マサチューセッツ大学へ入学し，ニューヨーク大学法科大学院（以下「NYU」という）へ入学できるのに十分な成績を収めることができた。NYUではまたとない経験をした。法律学を勉強する傍ら，演劇，オペラ，コンサートに出かけ，夜の時間帯にグリニッチ・ビレッジ付近を飲み歩いたことは，私の視野を広げ，私の知的好奇心とものの見方を鍛えてくれた。私は，NYUで最優秀の成績をおさめ，ローレビューの論文編集担当（最優秀の法科大学院生のために用意された，上級編集担当者のこと）をやらないかと誘われた。

　より重要なことは，最初の，本物の指導教授となる人の魅力の虜となったことである。経済的負担を緩和するために奨学金を受け取っていたため，NYUは，週10時間，専任教授のリサーチ・アシスタントを務めるよう要求してきた。面接試験の倍率は高かったが，ロバート・ピトフスキ教授[4]が，彼の専門分野である連邦反トラスト法のリサーチ・アシスタントに推薦してくれた。

　ピトフスキは，すでに名声を確立した法学研究者であって，彼の授業は履修許可を求める学生でいっぱいであった。また，全米で知られた反トラスト法の専門家であり，引用頻度の高い教科書の共著者であり，さらに反トラスト法の

---

[4]　Robert Pitofsky．1983-1989年，ジョージタウン大学法科大学院院長。1995-2001年，連邦取引委員会委員長。現在もジョージタウン大学法科大学院で，特任教授として，行政法，反トラスト法，消費者保護法を講じている。

実務に精通していた。彼は，真のルネッサンス的教養人であり，後に，ワシントンDCにあるジョージタウン大学の法科大学院長や，クリントン政権下の連邦取引委員会（Federal Trade Commission. 以下「FTC」という）の委員長を歴任した。一般私人も政府の規制当局者のいずれも，反トラスト法の執行動向や連邦による経済規制について，彼の意見を求めた。

ピトフスキは，法科大学院の授業で，たくさんの実例と実務経験をとりあげた。その手法は，厳密な法的分析と，司法省やFTCの反トラスト当局者や，議員たちの実務的な見方とを組み合わせるものであった。彼は，実務と理論の融合を目指していた。

彼はまた，非の打ち所のない指導教授でもあった。知的な厳密さにおいては要求が厳しいが，公正であり，かつ，初学者に法と法の複雑さをいつ教えるべきなのかを理解してもいた。リーガル・リサーチや反トラスト法関連のメモランダム作成の準備を怠ることは許されなかった。最近の裁判所の判断を探し出せなかったことの言い訳は認められず，知的怠惰さと，細かいところへの注意不足を警告されることになった。同時に，ピトフスキが歓迎したのは，初学者であっても，彼らが大好きな教授から認められようと熱心になって，新しいものの見方や創造的な法的分析を示すことであった。ピトフスキが抱える唯一のリサーチ・アシスタントとして，私は彼の自宅に招かれ，そこで彼の妻サリー—ジョージア州サバナ出身の聡明な南部人—と会った。リサーチ・アシスタントを務めるなかで，ピトフスキ教授と良好な関係を形成することが，私の法科大学院での最優先課題となった。

実際的な指導教授というものは，弟子が，法律学と人生についてより広い見方を習得するのを助け，長く取り組める優先課題を示唆するだけでなく，新しい，魅力的な専門的職業や，個人が選択できる可能性を示すものである。指導教授というものは，弟子が人生の行動計画を立てることを助けるものである。ピトフスキを通じて，私は，法がどのように機能するか，とりわけ，立法者がどのように法律条文を起草し，行政機関の規制当局者に当該法律の解釈，補充と執行を委任するか，を理解するようになった。ピトフスキが教えてくれたの

第1章 私の人生に影響を与えた人びと　15

は，反トラスト法をむやみやたらと適用して，抑制がきかないようにするのは，反トラスト法の自殺となる，ということである。そういった法執行に対する議会の反応を含め，政治的な考慮をしなければならなくなると，かえって政治的に反対の結果をもたらし，長期にわたって反トラスト法の目的とされたものを破壊しかねない。同時に，彼はまた，想像力に溢れた，最先端の思考様式をも示した。すなわち，もし最近の裁判所の判断が，一つの法執行の道をふさいでしまったなら，われわれは別の途を考えるべきだ，と。

　法科大学院の最終学年のとき，卒業後，どのような専門職の選択をすべきなのか，私はピトフスキ教授に尋ねた。私の成績からすれば，ウォール・ストリートの法律事務所で働くこと，ワシントンDCへ行って，司法省やFTC，SEC（連邦証券取引委員会）といった連邦規制当局のスタッフとなることなど，さまざまな選択肢があった。しかし，賢慮の持ち主である指導教授は，三つ目の選択肢，すなわち優れた裁判官のもとで1～2年間，調査官を務めることを薦めた。誰もがあこがれる調査官の職を得れば，真に学習効果のある経験ができるだけでなく，将来のキャリアにとってもプラスとなる経歴を自分の履歴書に加えることができるだろう，と。

　ピトフスキの高い基準をクリアできそうな連邦裁判官2～3人を，マンハッタン地区から選んで，提案してみたが，この分別のある指導教授は，より優れたアイデアがあって，ニューヨーク州控訴裁判所長官スタンリー・ファルド[5]の調査官職に出願するよう示唆した。ファルドは，全国的に名の知られている裁判官であり，研究者であって，前ニューヨーク州知事のトーマス・ドウェイによって指名されていた。ファルドは，刑法，憲法，法選択の領域で，きわめて高い評価を受けている法廷意見を執筆している。ピトフスキと同様，コロンビア大学法科大学院を卒業したファルドは，彼の出身校以外から調査官を採用することはめったになく，NYU出身者を採用したことは皆無であった。しかし，ピトフスキは，ファルド付きの調査官職出願のため，私の推薦状を作成す

---

5)　Stanley Howells Fuld. 1967-1973年，ニューヨーク州控訴裁判所長官。2003年死去。

ることを約束してくれた。

　彼が最終的にファルドに送ってくれた推薦状は，他の推薦状を不要とするものだった。ピトフスキは，1ページ半にわたって，ファルド付きの調査官として，私が最適である理由をいろいろ並べていた。ファルドの忠誠心はまずもってコロンビア大学法科大学院に向いていることは明らかだということを認めながら，ピトフスキは，自分のリサーチ・アシスタントがその原則の例外であることを証明しうる理由を説明した。この推薦書の直接的な効果は，ファルドが個人面談のためニューヨークにある彼の裁判官室に私を招待したことである。数週間後，調査官職の就任を要請する電話のなかで，ファルドが説明したのはこういうことであった。「私はこれまでNYU出身者を調査官として採用してこなかったが，それについては，いずれ後悔することになろう。ピトフスキの推薦状によって，私は試しにやってみようという気になった」。私は，2年の間，ニューヨーク市と州都オルバニーの間を行き来しながら，ファルドの調査官を務めることになった。私の指導教授は，私を，超大物の元へと送り込んでくれたのである。

　ファルドの調査官職に就く前に，ピトフスキから，もう一つ助言をもらった。ファルドのもとで2年間調査官を務めた後，教職に就くことを考えたらどうか，というものである。私の活力と法科大学院での成績を見るかぎり，私が教鞭を執ることを決めれば，うまくいくはずである，というのがピトフスキの説明である。将来のいつか，彼の示唆に従うことがあれば，私が教職に就くのを支援するとも申し出てくれた。8年後，ピトフスキがジョージタウン大学法科大学院長に就任したとき，もう一度薦めてくれたので，私は非常勤の特任教授となり，ジョージタウン大学にて広域不法行為法，証拠法や刑事法の授業を，学期によって担当することになった。

　その後30年にわたって，教鞭を執ることは私の専門職の履歴においてきわめて大事な一部を占めるようになった。教室の中央に席を占め，初学者が法的思考を学ぶことを助けるという重要な役割を果たす機会を得たことを，私は歓迎した。教室では，私は取り上げる論点を選び，学生には，法が込み入って，

複雑なところだけに着目するのではなく，制定法や判例の基礎となっている公共政策上の目的についても着目するように仕向けた。同時に，たとえ1時間やそこらの短時間であっても，毎日の法律実務で弁護士が日常的に被るストレスから免れることができた。法律学の教鞭を執るということは，実務家の人生とはまったく対照的である。私の法律専門職のキャリアにとって，教鞭を執ることがない，などということは想像もできない。

　私は，できるかぎり，秋学期はジョージタウンで教え，春学期には，他の著名な法科大学院で教える，ということにしていた。依然として指導教授の助言を必要としていたので，私は，数ヶ月に一度，ワシントンDCでピトフスキと打ち合せをかねてランチを一緒にとることにしていた。専門職としてであれ，個人としてであれ，人生の岐路に立つような選択の前には，ピトフスキに相談することが必須であった。

　ピトフスキが予想していたように，ファルドの調査官を務めた2年間は，あらゆる点で貴重であった。私は，法律エリートの小グループ——以前，ファルド長官の調査官を務めたキャリアをもつ——の一員となった。ファルドの弟子の中でもひときわ異彩を放っていたのは，ジャック・ワインスタイン連邦地方裁判所判事[6]であった。

　ワインスタインは，第二次世界大戦中に海軍に従軍し，コロンビア大学法科大学院を卒業後にファルド長官の調査官を務めた。彼はコロンビア法学の世界ではすでにスターであり，ファルドの調査官に就任するのは明らかであった。ファルド長官に敬意を表して，彼の調査官職を経験した者が毎年夕食会を開催して，顔を合わせるとき，同窓生のなかのリーダーとして，テーブルの最上席に座るのであった。ワインスタインだけが，寛いだ様子でスタンリー・ファルドとおしゃべりに興じることができ，連邦控訴裁判所長官としての管理業務に感服したり，訴訟指揮に意見を述べたりしていた。われわれが束になっても，ファルドへの敬意は，ワインスタイン1人のそれには足りず，ワインスタイン

---

[6] Jack Bertrand Weinstein. 1967-1993年，連邦NY東地区裁判所判事。

と同じような意見のときだけは,関心を払ってもらえることとなった。

ワインスタインは,ファルドの調査官を務めた後に,コロンビア大学法科大学院の教授に就任していたが,国内法・国際法のおよそあらゆる問題について,多数の論文,講演,小論,評釈をローレビューに掲載していた。ワインスタインは,依然として,全米で知られた法律学者であり,証拠法や民事訴訟に関する学術論文や信頼される基本書の著者でもあった。彼の論文は,最高裁判事の意見に引用され,彼らの法的議論に信頼と説得性をもたせることとなった。ハーバード大学法科大学院のある教授のコメントによれば,「ワインスタイン判事は,この25年で,もっとも重要な連邦裁判所判事である」。

しかし,ワインスタインは,法学研究者以上の存在であった。ファルドが,法律学の知的な世界にいるときだけ安心しており,彼の狭い裁判官室から離れることがなかったのに対し,ワインスタインは,法と政治が交錯する場所を好んだ。法科大学院教授職にある間,ワインスタインは民主党の政治活動に積極的に参加していた。たとえば,ロングアイランドのナッソー郡検事を務め,その後1967年,ニューヨーク州憲法制定会議のアドバイザーに任命された。彼はまた,ロバート・E・ケネディ上院議員[7]の目にとまった。同議員はワインスタインの知的,政治的資質を認めたのだった。ケネディ議員は,リンドン・ジョンソン大統領に,ワインスタインを連邦裁判所判事に指名するよう働きかけ,ワインスタインは,ニューヨーク市ブルックリン地区の連邦地方裁判所判事に就任した。他方で彼はコロンビア大学で依然として教鞭を執っていた。

ワインスタインは,連邦地裁判事という,その傑出した公的地位を利用して,注目に値するあらゆる論点についての法廷意見を次々と執筆していった。「司法積極主義」の定義がどうあれ,彼はその最良かつ最も説得的な例である。彼の法廷意見は,控訴裁判所で覆されることは滅多になかったが,そのことは彼の法廷意見のほうがより創造性にあふれているものであったことを明らかにしている。ワインスタインは,91歳になる現在でも,依然としてニューヨー

---

7) Robert Francis Kennedy. 第64代司法長官 (1961-1964)。ニューヨーク州選出上院議員 (1964-1968)。大統領候補指名選挙中に暗殺された (1968年6月5日)。

ク東地区連邦地方裁判所の判事職にあり，ほぼ毎日，法廷意見を提供し，それらの意見は，その影響力と緻密な法的分析において，控訴裁判所のどの文書よりも説得的なものとなっている。

　ワインスタイン判事と仕事上の，そして個人的な関係が進展したことは，ファルド判事の調査官職を務めたことの最大唯一の成果であった。ファルドの調査官を務めた後，私は3年ほど，ニューヨーク市で司法省の検事補として過ごしたが，上院司法委員会委員長を務めるエドワード・"テッド"・ケネディ上院議員[8]の特別補佐官に就任するため，ワシントンDCに出向くこととなった。そこでは，同委員会で検討中の問題に関して，ワインスタイン判事の助言を求めて，しばしば彼を呼び出したものだった。彼は，刑法，法改正，量刑・保釈実務，刑事司法における連邦と州の関係，さらには移民法改正に関する同委員会勧告についてコメントを常に用意していた。

　そして，テッド・ケネディはワインスタインの助言に信頼をおいていた。数年後，ケネディ議員のスタッフに加わった私は，ケネディのバージニアの自宅で催される夕食会に招かれ，同議員が取り組んでいる立法課題について議論する機会を得た。様々な分野で指導的地位にある人びとが招かれ，その意見を提供するよう期待されたが，そのなかでもワインスタインは，すぐに皆の関心の的となった。あるときには，被疑者に対して裁判官がどのように量刑判断を下すかについて，ワインスタイン判事が賛否の見解を論じるよう依頼されたこともある。夕食会の最後に，ケネディ議員がこのように評した。「ジャック（ワインスタイン），それは，すべての裁判官がどのように考えるべきか，ということだね。今や，私は，兄のロバート・ケネディ（司法長官）が，ジョンソン大統領に君を（連邦判事に）指名するよう要請した理由が分かった」。ワイン

8）　Edward Moore "Ted" Kennedy (1932-2009). マサチューセッツ州選出上院議員（1963-2009），民主党院内総務（1969-1971），司法委員長（1978-1980）厚生・教育・労働・年金委員長（2001-2003）などを歴任。次兄のジョン・F・ケネディは第35代アメリカ大統領（1961-1963），1963年11月22日暗殺。三兄のロバート・F・ケネディは第64代司法長官（1961-1964）1968年6月5日暗殺。

スタインは，ケネディ上院議員の貴重なアドバイザーとなり，連邦法・州法の政策課題については，およそあらゆる範囲にわたって，効果的な議論を展開した。次から次へと問題を検討するうちに，ケネディ上院議員が私に「ジャックが言わんとするところを，ちゃんとわかるように説明してくれ」と要求するようになった。ワインスタイン判事のおかげで，私の今後のキャリア形成に大きな変化が訪れた。1984年春，未だワシントンDCで法律実務に従事していたのであるが，私は，ブルックリンにあるワインスタインの裁判官室に呼び出され，休む間もなく，突然，次の仕事の機会を言い渡されることとなった。彼の説明では，ベトナム戦争初期の10年間の軍役で，枯葉剤エージェント・オレンジの被爆により，身体的傷害および疾病を負ったと主張して，25万人のベトナム帰還兵たちが提起したクラスアクションを担当することとなった，というのである。ワインスタインは，本件を解決に導くために，裁判所が任命する調停者—法律用語では「特別管理人」—に私を選任したいということだった。

　私は，この任務を了とした。次章で述べるように，6週間後，本クラスアクション全体は，前例のない，1億8,000万ドルという和解金で決着がつくことになった。この和解案は新聞の一面を飾った。こうして，調停人，交渉人そして特別管理人としての私のキャリアが始まったのである。顧問企業を抱え，ワシントン政治につきものの迷路のなかで，うまく立ち回る方法を指南する，といったワシントンDCでありきたりの弁護士として，今後もやっていくことはできなくなった。その代わり，全米でもえり抜きの調停者となって，望みのない，この先何年かかるか分からない裁判になりそうな紛争の解決のために，仕事をすることとなった。これで，私に適した専門分野が，新たに確保されることとなった。

　しかし，ワインスタインが私に求めたのは，これだけではなかった。この後，裁判所が指名した特別管理人として，注目を集める他の紛争を解決するために，何度も，彼の裁判官室に呼び出されることとなった。1989年，ロングアイランドにある，廃炉が決まったショアハム原子力発電所に関連する大規模なクラスアクションが提起された[9]。その後，アスベスト訴訟における死亡お

よび身体的傷害にもとづく損害賠償請求を調整して、解決するための調停者として指名した。さらに、DES不妊治療薬を服用した後に、流産、子宮頸がんその他の疾患が見られた女性が提起した何千もの薬害訴訟[10]の和解を支援するために、裁判所指名の調停者となった。ファルド判事の調査官職という共通の経験をしたことをきっかけに始まったざっくばらんな関係が、法律界の巨人（ワインスタイン）とその忠実な弟子（ファインバーグ）の間の25年にわたる長い絆となった。

　専門職としてのキャリアと個人的なことの両方に関わる、すべての重要事項について、私は、最初にワインスタイン判事のチェックを経てからでなければ、重要な決断をするなどということは、夢にも思わなくなった。彼の法的政治的手腕だけでなく、より重要なことに、問題の大小にかかわらず、彼が示す世界観と判断を求めて、彼の自宅に押しかけることにもなった。たとえば、ワシントンDCだけでなく、ニューヨークにも事務所を構えるべきか。ある法科大学院で教鞭を執るよう招聘されたら、引き受けるべきか。財務省や司法省で政府の仕事をするために戻るよう要請されたら、どのように対応すべきか。新たに公的任務を引き受ける前に、どのような質問をしたらいいのか。本書でとりあげているような、複雑な補償金支払いプログラムにおいて発生する、異論の多い法的倫理的問題にどのように取り組むべきか。このような、際限のない、個人的かつ職業に関わる問題について、助言、アドバイスそれに友情を求めて、はじめにワインスタイン判事に会うこととしたのである。ピトフスキ教授のことは、最後は「ボブ」と呼びかけることができたものの、ワインスタインのことは「判事閣下」以外に呼びかけることができなかった（彼の妻、イブリンの他に、この堂々としたワインスタイン判事のことを「ジャック」と呼びかける人がいるだろうか）。

---

9)　スリーマイル島、チェルノブイリの後、住民の反対により、営業を開始する前に廃炉が決定した。
10)　DESと呼ばれる合成女性ホルモンをベースとする不妊治療薬の薬害をめぐって、クラスアクションが提起された。

三番目の貴重な友人は，私の専門職としてのキャリアに，永続的，かつ決定的に重要な影響を与えた。その人，スティーブ・ブライヤー[11]は，ワシントンDCで，1974年からテッド・ケネディ上院議員のために働いていたが，それは私がケネディ議員のスタッフに加わる1年前のことだった。

　聡明で，控えめなブライヤーは，スタンフォード大学とハーバード大学法科大学院で優秀な成績を残し，留学したオクスフォード大学でも同様であった。ブライヤーは，法，政治と公共政策の相互作用を，本能的に理解していた。彼はまた，学界の修道院的な制約に居心地の悪さを感じており，人びとの日常生活に直接かつ即時に効果をもたらすような公共政策の形成に関与したいと考えていた。ハーバード法科大学院の少壮教授時代に，ブライヤーは，テッド・ケネディのような，先見の明がある上院議員のために働く機会に飛びついたのだった。彼は，司法委員会の顧問となり，ただちに，安泰ではあるが，非効率的で費用がかさむ航空産業の規制緩和の仕事に取り組むこととなった。毎週，毎週，ブライヤーは，ハーバードでの授業を終えると，スーツケースを下げて，ワシントンDCへのシャトル便をつかまえ，上院司法委員会の狭苦しいオフィスで2～3日を過ごすのだった。慎重に，しかし巧みに，民間航空委員会の権限を縮小しながら，規制当局が事前に決定した運賃よりも，航空産業が，市場の自由競争によって価格設定ができるようにする必要があった。このように自由競争を強調したことがケネディ上院議員にアピールしたようだ。同議員は，「大きな政府を標榜する民主党」というレッテルをはがして，自由市場と自由放任経済を採用するという彼の意図を表明する，またとない機会だととらえていた（当時，ケネディ議員は大統領選に出馬する，という選択を留保していた）。

　ケネディは，ブライヤーの判断を信頼した。ブライヤーが聡明であって，取り組んでいる課題に精通しているとの確信を持てただけではない。彼はまた，

---

11) Stephen Breyer 連邦最高裁判事。1994年，クリントン大統領により，最高裁判事に指名される。1967年ハーバード大学法科大学院助教授，1977-1980年同大学ケネディスクール教授。1990-1994年第一巡回控訴裁判所長官。

少数の人にしか知られていない，航空産業の規制緩和が，いかに直接かつ即時に，アメリカ人の生活に影響するかを示しながら，規制緩和の意義を，簡潔かつ明瞭なやり方で説明することができた。さらに，この聡明なハーバード大学教授が対等の同僚のような雰囲気を持ち，ユーモアがあって，当該プロジェクトに取り組んでいるスタッフを立てようとする，といった人格を有しており，ケネディはそんなブライヤーの人格を愛でていた。彼は，他人任せにする以上に，完璧なチームプレーヤーであり，その役割を受け容れ，若くて野心のある委員会スタッフの間で内輪もめが生ずるのを回避しようとすることが明らかになった。ブライヤーが他の上院議員とそのスタッフに，航空産業の規制緩和に関する専門的な説明をするのを見て，ケネディは心の底から楽しんだ。実務に役立たない学説を額面通りに受け容れることは決してなかったケネディであるが，ブライヤーだけはその例外であって，法の奥義を，現実世界の公共政策に翻訳できる法律学者だとみなしていた。その後，ケネディはブライヤーの判断に何度も頼るようになる。

ケネディが，1978年，上院司法委員会の委員長に就任したとき，同委員会の主席顧問にはブライヤーが適任なのは明らかだった。ブライヤーは，ハーバード大学法科大学院を休職し，ワシントンDCに引っ越して，彼の役割を引き受けた。彼はもうハーバードに戻ることはないだろう[12]。

私はニューヨーク市で3年間，連邦検事の仕事を終えた後，ケネディのスタッフに加わったとき，ブライヤーの隣に机をもらった。私が感銘を受けたのは，彼の親しみやすさであり，ケネディとそのスタッフとの関係について機転がきくこと，そして司法委員会のジェイムス・イーストランド[13]委員長（ミシシッピ州選出の有力者）の委員会運営において，どのようにして，伝統的な手続と儀礼とを調整するかに関する賢慮あふれる助言，である。彼が私に教えてくれた第一原則は以下の通りである。「不意打ちはなし。われわれがケネデ

---

12) 連邦最高裁のホームページによれば，ブライヤー判事は，1994年までは，非常勤で教えていたようだ。http://www.supremecourt.gov/about/biographies.aspx

13) James O. Eastland. ミシシッピ州選出上院議員（1943-1978）。

ィ上院議員のためにすることはなんであれ,イーストランド委員長および共和党の有力委員会メンバーであるストロム・サーモンド[14]議員の業務を担当する委員会スタッフと打ち合わせをする機会を確保しなければならない。これまで議論されてこなかった新たな法改正の提案や請願で,他の委員会メンバーやそのスタッフを当惑させてはならない。目標は,透明性や自由な意見交換を維持することだ。われわれの言葉が一番の武器になる」。

その後5年間,私はケネディ上院議員のスタッフとして働く間,ブライヤーの傾聴すべき一言を忘れることはなかった。ケネディが上院司法委員会の委員長,ブライヤーがその主席顧問に就任したとき,ブライヤーと私は,サーモンド議員の野党側主席顧問であるエモリー・スニーデン[15]と,毎日,朝食を囲むこととし,その日の委員会の議題をどうするか検討することとした。不意打ちも当惑も,なし,だ。委員会で検討する政策の優先順位や,公聴会のスケジュールについて,合意に達するとは限らなかった。しかし,とくに隠すべき議題があったわけではない。意見の不一致が明らかになれば,その解決も,隠し立てせずに,なされることとなる。完全に情報開示し,立法過程を透明にするという,ブライヤーとわれわれのボスであるケネディ上院議員の意思は,司法委員会の場と同様,共和党・民主党の両方から,ただちに受け容れられるところとなった。誰もが,スティーブ・ブライヤーに大きな敬意を払うようになった。すなわち,彼の親しみやすさと,委員会が検討中の立法案の内容に精通していること,他の上院議員やそのスタッフから出された,もっともな理由のついた要望(たとえばスタッフの追加採用やオフィス・スペースの増加など)を調整しようとする意思,そして他の上院議員からの要請に柔軟に応えることは,彼への敬意を大きくするだけでなく,彼を上院司法委員会の最も有能な主席顧問にも就かせた。そのことは誰もが記憶にとどめているといってよいこと

---

14) James Strom Thurmond. サウスカロライナ州知事(1947-1951)の後,サウスカロライナ州選出上院議員(1954-2003)。100歳を超えて上院議員職にあった唯一の人物。人種隔離政策の推進者として知られる。

15) Emory Marlin Sneeden:1984-1986年第4巡回控訴裁判所判事(レーガン政権)。

である。ケネディがいかにブライヤーを信頼しているかは，他の上院議員に「スティーブと話してくれ。彼が何とかしてくれるから」と話していることからも理解できる。

　ブライヤーの実務を観察して，私は自分の立法担当能力を磨くことにしたのだが，そこでは，スタッフの信頼が最も重要だということを学んだ。そのスタッフは，自分たちのボスの要求を満足させようと一生懸命なのである。そこで信頼を共有することができれば，他のスタッフも，この立法提案に賛意を示すようになり，自分たちの案に取り込もうとする。他のスタッフと個人的な関係を結ぶ，たとえば誕生会の招待を受ける，周年記念行事に出席する，あるスタッフが入院したら，その病院にお見舞いに行くなどして，その個人的関係を発展させることも重要である。自分の仕事を簡素化し，すぐに理解できるようにすること，すなわち，専門用語で記述された，3頁程度のメモに加えて，法改正の案を数語で説明することが望ましい。他の上院議員との関係をよくすること，すなわち，彼らに，あなたが何者で，だれのための仕事をしていて，何が専門かを確実に知ってもらうことが大事である（ちなみに，ブライヤーとサーモンド議員との絆は，議員の家族と週末に一緒にアイススケートに興じたことから発展している）。端折らない，すなわち，目の前の課題について精査し，知識を得るのに近道は存在しない。集中すること，すなわち，一度に一つの問題に取り組むべきであって（ブライヤーが航空産業の規制緩和や連邦刑事法典改正に取り組んだときがそうだった），手を広げすぎて，自分の中身が薄っぺらなものになると，専門の内容に精通しない，専門のない一般スタッフとなってしまうので，そういう事態を避けなければならない。つまるところ，ケネディ上院議員に対して当惑や不意打ちとなるようなことは，すべてしてはならない，ということである。彼の政治的アジェンダを実行することが唯一の目的であるのだ。

　ブライヤーとの友好関係は，私がケネディのための仕事をしている5年間に発展していった。家族ぐるみで，なにかの際に集まることに加えて，われわれ自身のキャリアに関する個人的な問題，ケネディ上院議員のこと，そして将来

に何が待っているのか等について，お互いに意見交換するようになった。毎日のように，一緒に働き，週末には電話でおしゃべりしていた。最初に意見交換しないうちに，重要な決定がなされることはなかった。この 35 年そうだったように，私はブライヤーの判断を頼りにしていた。彼には，自分の意思を押しつけないで，あるいは自分の意見が正しいと主張することをしないでも，助言を提供できるという才能があった。彼の意見は，自分が間違っているかもしれない，ということを許容しつつ，バランスに重点を置いて助言を与えるというものであった。彼は助けるためにそこにいるのであって，要求するためではない。このような問題解決型のアプローチや危機管理型のアプローチによって，彼はケネディ議員の側近となったのであり，依然として，1 週間に一度，あるいは毎日の業務でも助言がほしいと思う，私の友人でもある。

彼のキャリアはまた，人生の先が見えない場合に，決断すべきときにしなかったことや，無計画ではずみでなされた判断についての教訓となっている。

カーター政権が弱体化していくとき，ボストンにある連邦第一控訴裁判所の空席の補充が待たれていた。次期大統領としてロナルド・レーガンが選ばれたことから，その空席を埋めるには，よほどの政治的妥協が必要となるはずだった。上院の共和党議員が，カーター大統領による指名提案を遅らせようとするのは確実である。ケネディ議員は，アーチボルト・コックス教授[16]が超党派による選択として受け容れられると考えていた。しかし，驚くべきことに，しかも残念なことに，カーター大統領は，グリフィン・ベル司法長官[17]の助言にもとづき，拒否権を行使した。コックスの年齢（指名のとき 68 歳）が，当時の ABA（アメリカ法曹協会）ガイドラインを越えており，それによって，好ましくない先例を確立してしまう可能性がある，という理由で，ベルは反対意見を表明した。私はブライヤーと相談して，ケネディがコックスの指名提案を取り下げ，その代わりとして，上院司法委員会主席顧問（ブライヤー）の名

---

16) ハーバード大学法科大学院教授。ケネディ政権の訟務長官 Solicitor General。ウォーターゲート事件のときは特別検察官。

17) 第 72 代司法長官（1976-1979）。カーター大統領の指名による。

前を書き込むことができるという考えを述べた。そうしなければ，レーガン大統領が，自分の判断で，空席を埋めるフリーハンドを持つことになってしまう。司法委員会の関係者はみな，ブライヤーを尊敬しており，このアイデアはうまくいくはずだ。ブライヤーは，このような私の意見を承認した。

次に，ケネディ議員がこのアイデアを気に入った。彼はカーター大統領にこのアイデアを示し，同大統領は，正式にブライヤーの指名手続を開始することとした。ケネディによる猛烈な政治工作の末，司法委員会のサーモンド議員ほかの共和党議員は，ブライヤーを指名することに，嫌々ながら従ったし，次期大統領のレーガンも，特定の裁判官人事に反対しないことに同意した。上院はただちにブライヤーを承認した。彼は，最初は連邦控訴審裁判所で，後には最高裁判事として，その華々しいキャリアを開始することとなった。ケネディ議員が第一候補としたコックスを，カーター大統領が拒否するという決定をしなかったら，どうなっていたか分からない。

私を指導してくれたピトフスキ，ワインスタインおよびブライヤーのそれぞれが，ケネディ議員の政治的天分と立法の手腕を認めていた。いったんケネディ議員とつながりをもち，自分の価値を認めてもらうと，生涯，ケネディ人脈の一員となり，すぐに助言や判断を求められるようになる。もし自分の仕事が評価されたら，ケネディ議員は公式にあなたの将来を支持することを表明し，私的にも親切さを示してくれる。たとえば，私の父が，フロリダで休暇中に病気の際には，ケネディ議員は，よりよい治療のため，マイアミの病院へ移動する手配をしてくれたことがある。また，私の母がワシントンDCにいる家族に会うために来訪したとき，彼は上院のダイニング・ルームの昼食に招待し，2人だけの昼食をとったそうである。母は，興奮しすぎて，コース料理の最初のスープを飲み干しただけで終わったようだ。

オニール下院議長[18]は「すべての政治は地方から」とわれわれに教えてくれたが，「すべての政治は人間関係から」であることを証明したのはケネディ議

---

18) Thomas P. ("Tip") O'Neil 第47代下院議長（1977-1987）。

員である。ケネディ議員は，恩恵を受けたことも，礼を失したことも忘れたことがない。彼にとって政治とは，1日24時間，1週間に7日，従事する職業である。立法案をまとめるには，他の上院議員の要求や自尊心に個人的な注意を向ける必要があった。たとえば，ある上院議員の妻が病気になったとしたら，個人的なメッセージを送り，よい病院に入院できるよう手配することの助力を申し出た。すべての誕生日や記念日は記録され，博物館のような，ケネディ議員の上院のオフィスツアーを企画し，また葬式に参列する，等々。一方では賞賛の意を表し，他方では，個人的な弔意を表したり，支援を申し出たりする。上院での政策課題や立法に向けての戦略を検討するために，ケネディ議員の自宅で開かれる夕食に招かれることは，特別な機会である。ジョン・マケイン[19]，テッド・スティーブンス[20]，リンジー・グラハム[21]，チャック・ヘーゲル[22]，オリン・ハッチ[23]等の共和党上院議員とも，個人的に親しい友人関係となる。民主党の上院議員は，旧知のダニエル・イノウエ[24]やクリス・ドッド[25]，

---

19) John McCain. アリゾナ州選出の上院議員（1987- 現在）。外交，安全保障の専門家。2000年，2008年に，共和党大統領候補の指名争いに敗れた。http://johnmccain.com/home/
20) Theodore Fulton Stevens. アラスカ州選出元上院議員（1968-2009）。2010年8月9日，飛行機事故により死亡。
21) Lindsey Oliver. サウスカロライナ州選出上院議員（2003- 現在）。ストロム・サーモンドの引退後に上院選に出馬。マケインと同様，安全保障政策では介入主義を支持する。
22) Charles Timothy Hagel. ネブラスカ選出上院議員（1997-2009）。オバマ政権で国防長官（2013-2014）。保守派でリバタリアンとして知られる。
23) Orrin Grant Hatch. ユタ州選出上院議員（1977- 現在）。上院司法委員会委員長（2003-2005），上院金融委員会委員長。
24) Daniel Ken Inouye ハワイ州選出上院議員（1963-2012）。2000年6月21日，当時のクリントン大統領より名誉勲章を授与される。2012年12月20日国葬，オバマ自ら弔辞を読んだ。
25) Christopher John Dodd. コネチカット州選出上院議員（1981-2011）。上院銀行住宅都市委員会委員長（2007-2011）。サブプライム危機，リーマンショック後の金融危機への対応とウォールストリートに対する規制改革のためにドッド・フランク法（2010年ウォールストリート改革・消費者保護法）を起草した。

院内総務のトム・ダシュル[26]やハリー・リード[27]，新たにイリノイ州選出の上院議員となったバラク・オバマ（現大統領）を含め，すべてケネディの助言を求めた。夕食会は，政策に関する議論から始まるが，すぐに終わって，ケネディが指揮する歌唱大会──かならずアイルランド民謡とブロードウェイ・ミュージカルの曲になる──へ誘われることとなる。ケネディは，しばしば音程を外し，歌詞を忘れたが，そんなことは誰も気にしなかった。彼のよく響く声は他の人の歌声を圧倒していた。

しかし，ケネディの役割が法律を仕上げる責任者になったとしても，日常的に他者を支援するときにみせる思いやりと共感を，とりわけマサチューセッツ選挙民に対して隠すことはできなかったようだ。9.11犠牲者補償基金の任務を担当することになって数日後，ケネディから連絡がきた。ボストン・ローガン空港から離陸した飛行機2機がワールド・トレード・センターに突っ込んだときに死亡したマサチューセッツ州住民のリストを作成すべきではないか。このときケネディはすでに9.11の犠牲者の遺族とは，個別に会い，電話を受けてもいる。また，湾岸戦争で展開された「砂漠の嵐」作戦で，イラクやアフガニスタンで死亡した，マサチューセッツ州出身の兵士の葬儀にケネディ議員が参列して，弔意を表している姿を見かけた人がいたかもしれない。それがケネディのやり方だから。

彼にはケネディ3兄弟の末弟として，政治の血が流れており，DNAの一部となっている。彼の兄達の時代，すなわち，政治がもっとも高貴な職業で，義務と機会の双方を提供する公職であった時代の雰囲気を残してもいた。上院議員として，46年以上にわたる，途方もないキャリアにおいて，彼は，ケネディ家の光輝を維持する者，最後に残った弟として，その役割を大切にし，重い

---

26) Thomas Andrew Daschle. サウスダコタ州選出上院議員（1987-2005）。上院院内総務（1994-2005）。2001年10月炭疽菌入り手紙事件。
27) Harry Mason Reid. ネバダ州選出上院議員（1987-現在）。院内総務（2005-2007）。ロンドンオリンピック，アメリカ代表選手の公式ユニフォームが中国製であることを批判した。

責務を負って仕事をした。彼の2人の兄よりも長寿であったことから、アメリカと世界に影響を与えることができ、それは、間違いなく、ケネディ大統領とケネディ司法長官を超えるものであった（テッド自身はこのことを決して認めない。ケネディ大統領のことを話すときは、敬意をもって、「ケン、私の兄はアメリカ大統領だったのだよ。私は一上院議員にすぎない。その違いを覚えておきなさい」と話すのがしばしばだった）。

　彼が成立させた法律は、伝説になるほどの数であり、広範囲にわたっている。たとえば、医療保険や社会保障、恵まれない人びとに対する経済的援助、少数者や障害者に付与する新しい権利、国際的な平和と軍縮への努力、核兵器削減、国際人権への支援、等である。ケネディの長期にわたる軌跡は、現代の公的生活分野の至るところで散見することができる。彼は、その生活スタイルと愛情をもって、これらのことを成し遂げたのであって、それによって、歴史上、重要な地位を占めることが保障された。

　ケネディと一緒に仕事をした5年の間、私は、彼から学べることはすべて吸収した。彼の個人的な資質、たとえば、共感、思いやり、調整能力、事前の準備、決定力、判断力、個人的な友好と忠誠心といったものも自分に取り込もうとした。ケネディが注意したのは、「君の言葉は君自身を拘束する。誰かに何事かを伝えたなら、それは君の約束となって、必ずそれを守らなければならない」ということである。この点は、とりわけケネディにとって重要である。次々とやってくる上院議員たちは、ケネディが何かすると約束したならば、その政治的効果がどうであれ、ケネディはこれこれのことをした、とコメントした。たとえば、移民、医療保険や教育に関する問題について―すぐに政治的な見栄えをよくするよりも、調整やお互いに利益になる落としどころを探ることを好んで―ケネディがいったん、立法に向けての作業に関与したならば、上院のシナリオにそって、同僚の共和党上院議員と味方の民主党上院議員と一緒に、重要な法律案の通過を確実にすることにこだわった。ケネディにとって、「完璧は善の敵である」。アメリカの長い歴史において、彼もその重要な一部であったが、いったん公共政策の一部を確保したら、後は時間の問題だ、という

ことを信じるのが常だった。こうして成立した新しい法律は，廃止されることはほとんどなかった。アメリカ国民とその選良である上院議員たちがそれら社会的な立法の利点を認めたらならば，それが社会のセーフティ・ネットにつながるとの説明が必ずついてくるのであった。彼は，時間が自分の味方であることを信じていて，時間の経過を見極めていた。

　ケネディはまた，他者と信頼感を醸成することの利点を教えてもくれた。チャック・ヘーゲル上院議員がしばしば私に語ったのは，立法作業でケネディと一緒に仕事をすると，法案成立の記者会見で，彼の前にヘーゲルをぐいっと押し出して，こんなふうに新法成立への貢献を明らかにする，ということである．「チャック，正面の最前列に来たまえ。冒頭の説明をするんだ。私は君の後ろに控えているから」。ヘーゲルは，信じられない，といった顔で「テッド，後ろに隠れていたんじゃ，ネブラスカの選挙民は，この法案がわれわれ２人によって成立したなんて思わないだろう」と。ケネディはすでに全国的な有名人であったし，強烈に目立つ個性であったので，上院の理念を推し進めるに当たって，世論を先導できる人材を，つねに求めていたのである。彼は，上院でのショーマンシップを否定していたが，そもそも彼はそうする必要はなかった。

　私が公共政策に関心を持つのは，私の個人的な法律実務の経験を公共の場に結びつけることにおいて，直接的には，ケネディの影響力に負うところが大きい。彼は，私の幼年時代にブロクトンで学んだコミュニタリアン的倫理を実践していた。誰よりも彼は，私に，公共善に継続的に寄与するよう求めた。公職に就くにあたっての心構えを説きながら，彼は私を鍛えてくれた。私が新たな任務を受け容れ，実行可能な解決をひねり出そうとして批判に見舞われるたびに，私の耳の奥にケネディの優しい声が甦ってくるのである。「方針を堅持し，正しいことを行い，机上の空論は無視し，最後までやりとげなさい。私が後ろに控えているから」。そして，私が画期的な仕事や職業上の成功を達成するたび，ケネディは誇らしげに微笑んでくれる。結局のところ，私は「ケネディに仕込まれ」，その手のひらの上で学んだにすぎないのだ。

第2章

ベトナム戦争と枯葉剤後遺症
──被害者間の連帯を目指して──

　1979年，ベトナム戦争に従軍した帰還兵とその家族が全米で集団訴訟を提起し，戦時中エージェント・オレンジと呼ばれる枯葉剤に被爆した結果，帰還兵らが深刻な傷害に見舞われたと主張した。原告帰還兵によれば，枯葉剤―敵方が身を隠すことのできる茂みを枯らすのに使われた除草剤―は，猛毒のダイオキシンを含み，様々な疾病及び傷害を引き起こし，そのうちのいくつかは死に至るものだった。原告帰還兵は，化学メーカーに対し，注意を怠ってこの除草剤を製造し，国防総省も同じく，この化学物質を危険と知りながら散布させた責任を追及した。その結果，原告帰還兵は，枯葉剤に関連する一連の疾病すなわち癌，硬皮症，呼吸器系の異常，多くの場合塩素挫創等の深刻な皮膚疾患を発症したと主張し，何億ドルもの損害賠償を請求した。しかし，化学メーカーも国防総省も，それらの発症および身体的傷害が枯葉剤の被爆によるとの信頼するに足りる科学的・医学的証拠はないと主張して，責任を否定した。この訴訟はアメリカ史上最大規模の広域不法行為訴訟となった。すなわち200万人から300万人のベトナム帰還兵とその家族800万人から1,000万人がこの訴訟に巻き込まれたと思われる。

　1984年，さしたる進展がないまま5年が経過し，これらの訴訟は併合され，ブルックリン地区連邦地裁のワインスタイン判事の下へ，和解または審理のために移送されることとなった。本件が同判事に割り当てられたのは偶然ではなかった。彼は，訴訟事件一覧表をどのように管理するかを知悉している裁判官として，全米で尊敬されていた。両当事者の代理人は，ワインスタイン判事

が，不必要な遅延や，遅延を目的とする訴訟行為を許容しないであろうということを知っており，また，彼が創造的な訴訟運営のスキルや訴訟指揮を駆使して，長引く訴訟を，効率的かつ適時に結論に導く裁判官であることを知っていた。これら原告帰還兵たちは，本当に必要とされる金銭的援助を得られるとしても，いつ受け取れるかという点に関して不安のままおかれていた。他方で国民は，ベトナム帰還兵の歴史の悲惨な一頁が，公正で受容れ可能な結末を迎えられるかどうかを見守っていた。

ワインスタイン自身が第二次世界大戦の海軍の帰還兵であったが，彼は，ベトナム帰還兵の置かれた窮状に同情的であった。また同時に，枯葉剤の被爆と，主張されている傷害との因果関係を証明するには，信用するに足りる科学的なデータが存在しないことに悩んでもいた。彼はベトナム帰還兵たちに救済の手を差し延べたかった。しかし，問題はその方法であった。

実際，アメリカの不法行為制度というのは，枯葉剤事件のように，大量かつ複雑な，そして医学的，社会的，政治的に問題となっているような事例を扱うのに適してはいない。伝統的な対審的訴訟構造は，一対一のごくありふれた紛争を扱うのには適しているが，一方が他方に対して優位な地位を占めようと画策するような，大規模で複雑な事例にあっては，実務的には，訴訟遅延や，事態の複雑化と非効率を招いてしまう。因果関係に関する証明責任は，ほとんどの場合原告側にあるのだが，その要求される証明の程度があまりに高すぎると，枯葉剤事件のような場合には，被害が明らかで何百万人もの人が苦しんでいるにもかかわらず，補償や救済を得ることはきわめて困難になってしまう。ワインスタインが，たんに伝統的な不法行為システムのやり方に従うだけであれば，広い範囲で権利侵害となった虞がある。

そのような事態を迎えるよりは，それに代わる手段を見つけようと彼は決断した。

1984年3月，弁論を併合して指定された期日のちょうど6週間前，ワインスタインから私に電話連絡があり，裁判所任命の特別管理人としてこの訴訟の全体的な和解の手続きを進めてくれるか，と打診された。これに対し，私は，

和解などの裁判外紛争手続きの経験はないし，法科大学院で裁判外紛争解決のコースを履修したこともないと述べた。ワインスタインは単刀直入にこう述べた。「私は信頼できる誰かを，すなわちこの訴訟の広範な解決を確実にしてくれる能力と手腕を有する誰かを必要としている。ケン［ケネス・ファインバーグ］は，本件に対して政治がどう動くかを知っていて，テッド［エドワード］・ケネディ上院議員の信頼も得ている。帰還兵たちは支援を必要としているし，政府，とくに復員軍人援護局は，なんらかの解決策を出すよう協力を求められることになるはずである。このような場面で，法廷での審理を進めても，誰の利益にもならない。われわれは，本件の結末をつけなければならないが，それができるのは君だけだ」。

このように審理が長引けば，それは，戦争のトラウマからいまだに立ち直れないこの国の分断をさらに助長することになり，費用と時間の無駄ばかりが増えて，被害をこうむった帰還兵の要求に応えることなどできそうもない，ということをワインスタインは知悉していた。両当事者とも，結局のところ，和解するしかない。もちろん，法廷に着座している裁判官のなかに，ワインスタインほど，積極的に広範な解決を進めようとする裁判官が存在する，ということはほとんど考えられない。審理を担当する裁判官は，法廷での進行を主導するという，裁判制度上，重要な役割を果たすのであり，その法廷では，弁護士は，事実に関する自己の主張の正当性を陪審に認めさせようとして，お互いに主張し合うのである。しかし，裁判官は，和解を形成することに直接かかわることはめったにない。もっとも，枯葉剤事件は，ベトナム帰還兵のコミュニティだけではなく，全国にまで影響が広がるという点で特別なケースであった。ワインスタインは，座して事態を悪化させるなどというつもりはなかった。

事案の複雑さに加えて，戦争直後の帰還兵に対する微妙な政治情勢があった。訴訟による解決は，法律問題として複雑であるのと同様に，政治的な問題としても微妙であると示していた。ワインスタインが望んだのは，ワシントンの復員軍人援護局が和解の一部に協力することであった。医療上の救済と，政府機関が枯葉剤に関連して傷害と疾病があるということを認めれば，帰還兵の

医療上及び経済上の不安定さを改善することにつながるであろう。復員軍人援護局の対応がベトナム帰還兵の境遇に対し，政治的に見てなんらかの正しさを与え，彼らが普通の市民生活に戻ることを助けることになる。そこで，超党派で裁判外解決に向かうために，ワインスタインはワシントンの弁護士2人をさらに指名することとした。すなわちデービット・シャピロ[28]は大規模不法行為訴訟と請求の併合に適用される難解な規範を理解している著名なクラスアクション専門家である。またレナード・ガーメント[29]はシャピロの事務所パートナーであったが，ニクソン政権に仕えた，尊敬を集める共和党員であった。ガーメントは超党派構想の重要な一役を担うこととなる。

　シャピロと私は裁判外解決の手続きを進める一方，ガーメントはそのままワシントンに残りその後は何もしなかった。それにも関わらず，当事者双方の代理人弁護士は舞台裏から状況を操作し，戦略を策定するのはワインスタイン判事であるということを理解していた。ブルックリン連邦地方裁判所において，6週間後に設定された公判初日までの間，ワインスタインは終了まで数ヶ月かかる見込みの審理に必要とされる陪審員の選任手続きの準備を進める一方，われわれは1日24時間週7日間働き，代理人弁護士と個別に，そしてその後は同時に会合を重ねた。

　ベトナム帰還兵の代理人弁護士が主張するところによれば，彼らは，全く不人気な戦争のために国家に奉仕した，という同情すべき依頼人を代理していた。さらに，枯葉剤と損害との関係について，本事案を帰還兵に同情的な陪審に付すのに十分な科学的・医学的証拠はあると考えていた。もちろん被告はこれに反対した。ダウ・ジョーンズとモンサントを筆頭とする化学メーカーは，

---

28) David I. Shapiro (1928-2009). ディクスタイン・シャピロ法律事務所代表。現在，同事務所は，ワシントンDCとロサンゼルスに拠点があり，全体で400人以上の弁護士を抱えている。

29) Leonard Garment (1924-2013). ニクソン大統領のとき法律顧問を務めた（1973-1974）。一時期，「ディープ・スロート」ではないかとの疑いをもたれて，自ら"In Search of Deep Throat"というタイトルの本を著した（ペーパーバックは2001年に刊行されている）。

そのような因果関係を証する信頼すべき科学的証拠はほとんどないと主張した。事案は陪審に付されるべきではなく、ワインスタイン裁判長は請求に対し、口頭弁論を省略して棄却すべき、というのが化学メーカーの主張である。これに対し、アメリカ政府は絶対的な主権免除を隠れ蓑として、待ち伏せしている敵を回避させるために枯葉剤を用いるという裁量権を行使したことで提訴されるいわれはない、と主張した。国防総省は被告として出廷することを断固拒否した。その法的主張に反駁の余地はなく、妥協の余地はありえなかった。

ワインスタインを後ろ盾として、われわれ、裁判外紛争解決のために任命された弁護士は、当事者双方で、それぞれ異なる役割を演じていた。

毎日何時間か、シャピロと私は、帰還兵の代理人弁護士と非公式に会っていた。窓のない、暗くて人気のないブルックリン裁判所の法廷が、われわれの面談場所だった。われわれが彼らに対して注意を促したのは、本件ははなはだ根拠が弱く、枯葉剤と主張されている傷害との因果関係について、陪審の前で医療関係者に証言をさせるかどうかは裁判所の判断にかかっている、ということである。彼ら代理人弁護士は、ワインスタインが弁論を省略して請求を棄却する、というリスクをとるつもりがあるのだろうか。シャピロと私は、代わる代わる「飴と鞭」を演じた。当初、シャピロが本件は根拠が弱いと指摘し、ワインスタインのような同情的な裁判官でさえ、陪審審理を開かないだろうと主張することにした。そこで私が遮ってこう述べる。本件が陪審審理に付されたとしても、ワインスタインの訴訟指揮による陪審評決がどんなものであれ、上訴裁判所が受け入れないおそれがある。原告帰還兵が勝訴しても、犠牲のほうが大きくて、引き合わないものとなろうと。

被告企業8社に対しては、われわれはまったく反対の主張をすることにした。われわれが彼らに対して注意を促したのは、法廷が帰還兵たちの状況に同情的であり、陪審の前に出廷させることを拒否するつもりはないだろう、ということである。さらに、被告企業は、包括的な和解のために巨額の保険金が支払われることで損をすることはないと指摘した。すぐに和解して、不確実な結果を伴うような訴訟の遅延を回避しないのか。取引社会の通念は和解を示唆し

ていると主張したのである。

われわれは，くる日もくる日も働き詰めで，［原告］帰還兵と［被告］化学メーカーともに，包括的な枠組みに賛成し，審理を回避するよう説得した。

1984年5月7日の早朝，陪審員候補者の選任手続きが開始されようとしているちょうどそのとき，夜を徹してなされた裁判外紛争解決の努力の結果，ワインスタイン判事は包括的な和解に関する宣言を発した。裁判官，裁判外紛争解決のために任命された弁護士，当事者の代理人弁護士はいずれも，前日の夕刻から真夜中過ぎまで，裁判所を去ることができず，疲弊してしまったが，一方で，複雑かつ先の見えない審理を回避することができたことに満足もしていた。ワインスタインは，ロングアイランドの自宅に帰ることもできたが，裁判所の近くのホテルに投宿していたので，ほんの数時間後に，両当事者とメディア関係者に法廷で会うことができたのである。シャピロと私は気分が高揚していたが，ワインスタインは，控えめな喜びを見せながら，もっと深いところまで考えていた。「われわれには依然として，この枠組みにメリットがあるということを，原告帰還兵に確信させるという大きな仕事がある。そして，忘れてならないのは，上訴裁判所がわれわれの仕事を再び精査するだろうということだ」。ホテルへの道すがら，ワインスタインは，ほんの数分前に到達した和解案の公正さと相当性に関する彼の次なる法廷意見の概要について，語り始めていたのである。「われわれは，この和解案の背後にいるベトナム帰還兵の集団をまとめる方法を模索しなければならないのだ」。

裁判外紛争解決のために任命された弁護士の助力により，被告化学メーカー8社は，当時としては驚くほどの金額である1億8,000万ドルと利息を，枯葉剤に起因するベトナム帰還兵訴訟全てを解決するために，10年にわたって支払う旨合意した。連邦政府は本件から離脱し，一切の賠償義務を負うことはなかったが，裁判所は引き続き，裁判外紛争解決のために任命された弁護士と政府に対して，ワシントンにある復員軍人援護局の協力を得るよう求めた。われわれの協働により，請求適格のあるベトナム帰還兵とその家族に，速やかに金銭をもたらすものと期待される包括的な和解案のために，複雑で時間を浪費す

るだけの審理を回避することができた。後に裁判所は以下のように述べた。

「多くの考慮要素があり，原告からみれば，この和解案が望ましいものとなっている。第一に，今日までに利用できる科学的データによっても，塩素座瘡に罹患している者または過去に罹患した者を除けば，いずれの原告も，枯葉剤と出生異常を含む他の疾患との因果関係を，法的に証明するのはかなり困難である。第二に，確定されるべき法律関係は当該事件に限られるものであり，たいていの場合は審理と上訴の繰り返しを招来し，その結果，原告に対する救済はまったくなされないこととなろう」。

　ベトナム帰還兵を救済することになる和解案をひねり出すために，裁判外紛争解決のために任命した弁護士を自分の分身として利用するというワインスタインの基本計画はうまく機能したが，われわれは国家のために働いたにもかかわらず，批判され，中傷されることになった。新聞の一面や社説は，この和解案について，何年もかかる訴訟の継続よりも，実務的に上手く機能する，現実的な解決であると支持した。経済的救済を必要とする何百万人ものベトナム帰還兵にとって必要な経済的救済を与えるという点では少額であったが，和解金総額としては，前例のない巨額のものだった。その規模だけみれば，アメリカ国民の目には，帰還兵の集団の全体的な窮状を救済するのに十分と映った。そして，ベトナム帰還兵を力づけることとなった─これらすべてはワインスタインの基本計画の目的にそったものだった。

　被告化学メーカーもまた，救済に関してほっと一息つくことになった。前例のないクラスアクションにつきものの，新たな法律上の争点の判断を回避しただけでなく，賢明な経営判断をなすことができたからである。和解金は，最終的な収支にほとんど，もしくは全く影響することなく，損害保険会社が支払うことになる。そして，被告会社は，株主価値を毀損し，投資を萎縮させる原因となりそうな，時間がかかって先の見通しのない訴訟を回避することができる。

　裁判所と裁判外紛争解決のために任命された弁護士は，法廷ドラマとその法的不安定さにピリオドをうったのである。

しかし，和解案は，受領した和解金を原告の間でどのように分配するかについて明確な基準を示していなかった。和解案はたんに一般的な要件のみを定め，裁判所が和解のための基金を維持し，管理することだけが明記されていた。誰がいくら受け取るか，そのお金がどのように手元に届くか，そしてベトナム帰還兵のうち，誰が請求適格を有するか，等々について特に参照すべき基準は設定されていなかったのである。

異例なことに，ワインスタインは，全国各地で公聴会を開催することを決定した。彼は，枯葉剤に被爆した帰還兵から，真摯に話を聞きたかったのである。彼らは，和解金の分配についてどのような提案をするのだろうか。裁判所がまさしく関心を寄せていたのは，利用できる和解金が，すべてのベトナム帰還兵に補償が行きわたるほど十分ではない，ということであった。個々の帰還兵が，枯葉剤への被爆と自ら主張した傷害・疾病との因果関係を，法的に認められる程度に証明することは難しいだろう。実際にワインスタインが帰還兵から聴聞したかったのは，誰がどのような基準にもとづいて，適切に補償されるべきか，という点であった。和解案が正当で，適法かつ効率的であるかどうかは，すべてこれらの質問に対する答え次第である。裁判所が必要としていたのは，和解金の分配の決定について，帰還兵自身から正式に得た証言にもとづいて，公式記録を残すことであった。

私はワインスタインに同道して，ニューヨーク，シカゴ，ヒューストン，アトランタ，サンフランシスコなどで開催された聴聞会に陪席した。帰還兵たちがどのように和解金を分配したいか，すぐに明らかになった。彼らが繰り返し強調したのは，「同僚」たちの窮状であり，そのほとんどは経済的援助を必要としている，ということであった。同時に，どの帰還兵も—500人が宣誓のうえ証言したのであるが—枯葉剤の被爆があった帰還兵の子供について，出生異常の影響があるのではないかという恐怖を，感情を込めて述べていた。これら帰還兵たちは，その出生異常との因果関係を明らかにするために，医学上の調査がもっと必要であると感じていた。自分自身よりも他者を優先するという関心のあり方は，帰還兵たちの痛ましい証言でしばしば見られるようになった。

ある帰還兵は,「このように証言しているわれわれのすべてが,これらの問題を明らかにし,一つの命を救うことができるように,1人の医者を援助することができれば,私は大賛成です」と証言した。また,他の帰還兵は,「私は五体満足の息子に恵まれ,それゆえに神様に感謝しています。出生異常をもつ子供のいる同僚帰還兵のために,われわれは,ただちに治療を開始するのに必要なことをすべきであると思います」と証言した。さらに,「私が裁判所にお願いしたいのは,私の家族だけでなく,同じように影響を受けた他の家族のことも考慮に入れて,少なくとも和解金の半分を,そのような異常を持った子供のために確保しておいてほしいということです」と証言した帰還兵もいる。

　この種の基金を設けるというアイデアは,全面的な支持を得るに至った。ある発言者は,「この訴訟から新たに拠出された資金は,私にとってなんの意味も持たないところです。しかし,ダイオキシンに関係する疾病について継続的な研究を行うことは,他の何千人もの人びとを助けることにつながります。そのような研究を助成するために調達される資金は,ベトナム戦争に関わって被害を受けた多くの人びとに有益であるとの賛辞を受けるでしょう」。他の発言者によれば,「(判事の)質問に対する回答は,ベトナム帰還兵が利用できる,適切な医療手段を提供することです。……和解金は,このような理由で設立される基金の一部として流用することができるはずです」。また,ある帰還兵は,「このような遅延はもう終わりにしようではないか。そして,[基金の]プログラムを創設して,現在の世代と影響を被る次世代が利用できる[治療などの]サービスを提供することを今すぐ始めようではないか」と発言して,数千人の考えを要約してみせた。

　このようなベトナム帰還兵の証言は,直接には,代理人弁護士たちの間に意見対立をもたらした。コモンローの伝統にしたがって不法行為法の訓練を受けた弁護士であれば,弁論終結後に,裁判所に対して資金分配の提案をなし,枯葉剤の被爆に起因する請求の適格性の優先順位を判断するようワインスタインに要求しただろう。利用可能なものとして弁護士が援用する医学的科学的証拠にもとづき,一定の疾病をもつベトナム帰還兵は,より問題のある損害賠償請

求権を有する帰還兵に対して，優先的に弁済を受けることにする。

　ワインスタインは，そのような主張を認めない。彼が弁護士たちに想起させたのは，枯葉剤と疾病の因果関係に関する科学的医学的証明が不確実，不完全なもので，相矛盾しているということであった。より重要なのは，弁護士たちの主張を鵜呑みにすると，ワインスタインにとって困ることとなってしまう，ということである。枯葉剤に起因する疾病に優劣をつけると，本来は彼が救済しようとしていた帰還兵の間の軋轢を助長し，論争を引き起こしてしまうのである。ワインスタインは人間の本性を理解していた。すなわち，和解金の分配計画は，その計画が不法行為の制約のもとに設計されたものであっても，ある者と他の者を対立させることになってはいけないのである。どのような和解案であっても，ベトナム戦争に付随して傷ついた者を癒すことを支援すべきであって，彼らの間の対立を助長すべきではなかった。

　ワインスタインは，ブルックリン連邦地方裁判所の彼の執務室で私にこう述べた。「われわれは，帰還兵を救済し，非難の応酬を回避するような，創造的できちんと機能する和解案を策定する必要があるのだ。君は，たとえそれが伝統に反するものであっても，帰還兵たちの支持が得られる和解金分配計画を策定し，私に提出してもらいたい。不法行為法だけに頼ってはいけない。他の方法も探すのだ」。

　これは，保守的な裁判所にしては，大胆で画期的な考え方だった。私が，自分は不法行為事件における和解の基準を確定するのに必要な先例を何も知らないし，その先例が因果関係と損害賠償に関する不法行為原則に依拠していないことなど聞いたこともないというと，彼はクスッと笑ってこう言った。「ケン，スタンリー・ファルドのように考えるんだ。より望ましい方法を発見するために法を利用しようではないか。不法行為法に依拠すると，ベトナム帰還兵の間に分断をもたらすことになってしまう。さらに，どの帰還兵も枯葉剤と疾病の因果関係を証明することなどできない。だからこそ，この事件は和解にしないといけないのだ」。

　続く数週間，さまざまな選択肢や可能性をあれこれ考え，帰還兵が満足する

ような計画であって，上訴審における審査に耐える計画を策定しようとした。ワインスタインとの継続的な意見交換のなかで，私は，「個々の帰還兵が枯葉剤との因果関係を適法に証明できない場合に，いかなる客観的な基準をもって，伝統的な因果関係理論に代えることができるか」という厄介な問題に対する答えを模索することになった。

最終的に，私は公式の和解金分配計画を裁判所に提出したが，それは裁判所の関心に対処すると同時に，帰還兵からの政治的支持を得ようとするものだった。補償金プログラムは二つの部分に分けられる。すなわち，事前に拠出された和解金の大部分は，東南アジアに従軍中に枯葉剤に被爆し，その後に死亡，または今も重篤な身体傷害に苦しんでいる帰還兵のためのものとする。資金の残りは，「枯葉剤被害者支援プログラム」といった基金に拠出し，帰還兵やその家族を支援するように包括的に設計されたプログラムや事業計画に資金提供するものとなる。この提案は，最も傷害の程度が重い帰還兵に，個別に金銭支払いのための小切手を送付する一方で，それほど傷害の重くない帰還兵には，社会福祉，医療補助，帰還兵支援運動の設定やそれらに対する資金提供を通じて，支援していくことにしている。

帰還兵側の代理人弁護士は，これを歓迎しなかった。この提案による解決は，死亡・傷害との因果関係の証明に関する法的要件について，彼らが法科大学院で学んできたすべてを真っ向から否定するものであったからである。傷害を負ったベトナム帰還兵が，その身体的状況が枯葉剤に起因することについての立証責任をはたさずに，補償金を受け取ることができるとする根拠は何か。これら弁護士は，200年もの歴史を持つ不法行為法の問題をすり抜けようとする，このような試みに愕然とした。同時に，残りの帰還兵に対する一般的な社会福祉支援を提供する基金の設置にも，意図はいいのだが，法的根拠と先例を欠く考えだとして反対した。

しかし，ワインスタイン判事は依然としてわれわれの味方であった。圧倒的な支持を寄せた裁判所は，その後に進むべき方向を明らかにした。帰還兵の代理人弁護士たちの主張を否定したうえで，ワインスタインは次のように述べて

いる。

「多くの見解について，以下の通り検討されたが，特別管理人ケネス・ファインバーグ氏による解決案ほどの利点は見られない。その的確な解決策において同氏が示したのは，一般的にみて，もっとも支援を必要とする個人に，できるだけの援助となるような保険タイプの補償金と，もっとも援助が必要な個人及びグループを保護するための裁量と対応力を有する退役軍人によって運営される基金とを組み合わせる，というものである。わずかな修正を加えたうえで，同特別管理人の勧告を受け容れるものとする」。

同判事は，原告代理人が主張していた，伝統的な不法行為原則の適用を否定した。

「ベトナム枯葉剤事件においては，伝統的な不法行為原則にもとづいて資金分配を実施することは不可能である。その理由は，因果関係の証明が実質的に存在しないこと，基金運営の費用が経済的に見合わないものとなるおそれがあること，その他予測しえない事情がありうること，などである。これらを十分配慮した，唯一の現実的な配分方法は，特別管理人の報告書に示されている。その計画のもとでは，全身に傷害を負った帰還兵および死亡した帰還兵の配偶者もしくは子のみが，金銭の支払いを受けることとなる。しかし，原告団全体は，エージェント・オレンジ集団支援プログラムから，他の方法で，相当の援助を受けることができる」。

私の「的確な解決案」に対して，裁判所が加えた「わずかの修正」とはどういうものだったのか。ワインスタインが認識していたのは，伝統的な不法行為原則における因果関係のすべての要件をまったく無視する一方で，死亡もしくは傷害の程度にもとづいて，厳格に請求適格性を決めるのは，実際的ではないし，また賢明なものでもない，ということである。ワインスタインはまた，た

とえば，精神疾患のある被害者が精神的に追い込まれて，自分の家族がより多くの補償金を手に入れられるように，自殺する道を選んでしまう懸念を表明していた。さらに彼は，ベトナム帰還兵のうちで，精神的トラウマに起因する交通事故や銃撃事件の犠牲者となった者は，たとえ，枯葉剤の被爆により依然として全身に傷害を負っていたとしても，請求適格を認めないとした。このような帰還兵たちは，そのような事故と枯葉剤の被爆には因果関係がある，と主張することは可能であるが，裁判所は，請求適格のある疾病と，請求適格のないトラウマとを明確に区別した。因果関係に関する伝統的不法行為原則は，特別管理人の提案の妨げとならない場合に，限定的な役割を与えられることとなる。

　これらの帰還兵への補償金支払いに関する裁判所のアプローチは，「誰が請求適格を有し，補償金額はいくらか」という問題に対して，明確に答えていた。もっとも支援を必要とするベトナム帰還兵とその家族を救済するために，ワインスタインは，形式的で厳格な現行不法行為制度を適用しないという判断を，はじめて下したのである。これによって，ベトナム戦争で軍役を果たしている間に，枯葉剤を浴びたため死亡した帰還兵の遺族，または全身に傷害を負った帰還兵に対しては，補償金が支払われるが，それ以外の者には支払われないこととなる。不法行為における個別的因果関係の理論は，ほとんど考慮されなかった。しかし，個別に補償金の支払いを請求する適格を有しない帰還兵には，少なくとも，本クラスアクションの和解金によって設立される基金から，社会保障サービスに対する補助金がいくばくか支払われることになっていた。たとえ，ベトナム帰還兵のうちの，限られた者だけに現金小切手が郵送されてくるとしても，理屈のうえでは，この基金は，すべての帰還兵がこの和解からの恩恵を得ることを保障している。不人気なベトナム戦争に従事し，その後に，普通のアメリカ人としての生活に戻れないことが明らかになったベトナム帰還兵の窮状に，裁判所が取り組むことを決断したのであった。この和解は，ベトナム帰還兵のコミュニティに，なんらかの経済的救済を与えることになる。より重要なのは，この和解が，政府とくに復員軍人援護局に対して，これ

ら帰還兵の救済の必要性が無視し得ないとのシグナルを与えることになったという点である(わずか数年後に,復員軍人援護局は,枯葉剤被爆を理由として,帰還兵に完全な援助をすることを,正式に認めている)。

このプログラムが存続した10年の間,最初の和解金1億8,000万ドルは,利息を含めて,2億4,300万ドルにまで増大した。そのうち,およそ1億7,800万ドルが,5万2,000人の帰還兵及びその家族に支払われる一方で,4,200万ドルが,ベトナム帰還兵の家族を支援するための法的サービス,社会保障や医療関連等のプログラムを設立するために拠出された。また,政府支援の利用についてベトナム帰還兵たちに講習の機会を設けるための資金を提供し,帰還兵たちの結束を強化するための全国的な大会やシンポジウムを開催したり,また枯葉剤事件に関する復員軍人援護局規則に対して異議を申し立てるための訴訟費用を支払ったりした(裁判所は最終的に,復員軍人援護局が,いくつかの規則において,ベトナム帰還兵に平等な扱いをしなかったと判示した)。和解金の残りは,弁護士や関連する訴訟費用のために使用された。

枯葉剤事件の和解は,もちろん,「司法積極主義」のシンボルとなったが,他方で,優れた法律家が,時として中傷され,社会から見放されたベトナム帰還兵のコミュニティに対して,ある程度の救済と評価を与えることを判断するという「裁判所が救済の制度を創設する(judicial engineering)」[30]実例を示すものである。これが,ワインスタイン判事個人の資質によってのみもたらされたものであれば,広域不法行為訴訟の併合と和解に関する最高峰を示すものであって,その後35年にわたって,再現されることのなかった,唯一の例だということになる。実際に,本件に続くアスベスト訴訟やタバコ訴訟の解決のためにクラスアクションを利用しようという試みはすべて失敗している。連邦最高裁判所を含むアメリカの裁判所は,そのような集合的な訴訟は賢明なものでもなく,法的な正当性を与えることはできないと結論づけている。こういった事件は,かなり特異な性質を有し,それぞれに違っており,個人ごとの判断を

---

30) 大村敦志『生活のための制度を創る:シビル・ロー・エンジニアリングにむけて』(有斐閣,2005年)から拝借した。

要求し，そして原因と結果が無限に存在しているため，クラスアクションを許容する要件を充足しないからである。枯葉剤事件におけるワインスタイン判事の意見は，それだけで，正義を実現するために法の外延を拡大しようとする，大胆で，かつ創造性に富む法律家にとり，導きの標となっている。

　控訴裁判所は，枯葉剤事件のワインスタイン意見が先例とならない旨を明らかにした。一方で，裁判所が創造した革新的なやり方を認めながら，この和解は，ベトナム戦争後の時代に特有の事情に限定して適用されるものだ，ということに，控訴裁判所は注意を与えたのである。その理由として挙げられているのは次の通りである。この和解案は，「いわゆる広域不法行為事件，とくに毒性の強い物質による傷害を理由とする請求について，クラスアクションの有用性に懐疑的な見解に根拠を与えている」。控訴裁判所判決が示した関心は，「かりに他の裁判所がワインスタイン意見に追随したら，司法部門を政治的及び軍事的判断に踏み込ませることとなり，それは憲法上与えられた権限と能力を超えるものである」。実際に，枯葉剤事件の和解のみを承認したのであり，後に，「枯葉剤事件類似の」訴訟が提起されても，この和解案と同じように処理されることはないものとする。他の裁判所は正しくこの点に留意した。

　しかしながら，この和解案の大胆かつ創造力に富む特質を認識することが重要である。最初に，帰還兵自身から聴聞するために全国を飛び回ったときにすでに帰還兵のコミュニティに対立と怒りが生じていることが明らかになっていたので，ワインスタインは，そのような対立をさらに悪化させないような方法を考えたのであった。この聴聞から得た情報と，伝統的な教育を受けた弁護士による主張のほとんどを考慮しないことによって，裁判所は，ベトナム帰還兵のコミュニティにおける政治的な連帯と一体性を促すような和解案を構築していった。これによって，怒りや非難をもたらすことなく，帰還兵たちを共通の利害のもとに再結集させることになった。個人への補償金支払いが適切だったのである（和解案全体の価値はこの訴訟の根拠が弱いことを明確に示している）。しかし，実は，お金は二次的な問題であった。裁判所（と帰還兵自身）は，和解案が帰還兵たちの受けた苦しみを正当に扱うものであり，その救済の

ための重要な一歩であると考えていたのである。さらにこの和解案は，政府機関（本件では，裁判所）が，国家の良きパートナーの地位に戻りたいというベトナム帰還兵たちの願いに応えうる，ということを示すことになった。

したがって，枯葉剤事件の和解案は，まずもって，ベトナム戦争というアメリカの悲惨な経験を終わらせる重要なものと位置づけなければならない。そのような文脈で，そしてそのような文脈においてのみ，分析され，研究されなければならないのである。他の政府部門が，ベトナムの亡霊におびえて，何もしない場合，そのときは裁判所の出番となる。請求適格と補償金額という争点に対する裁判所の判断が，当該事案に固有のものであって，先例拘束性を有しない，したがって後に参照されないものであっても，それでも，アメリカ国家とベトナム帰還兵が，戦後の問題に取り組むために奮闘していた時点では，非の打ちどころのないものであった。ワインスタイン判事は，まさしく，必要とされるときに，正しい判断をした。死亡と傷害に関連した個別的補償，適切な支払いの額，そして，ベトナム帰還兵を支援するためのプログラムを設立することが，ベトナム戦争後にベトナム帰還兵のコミュニティとアメリカ国家そのものを覆っていた疑念や不安感を払拭する有効な対抗手段となりうること，などである。

ワインスタインは，不法行為における伝統的な因果関係論を無視して，前例のない和解案を承認した。彼は，和解金の公正な分配に関する聴聞会を全国で開催したが，そこで表明された意見に，個別に対応するような和解案を認めようとはしなかった。当初から，彼の戦略は，すでに打ちのめされ，不満の溜まっていたベトナム帰還兵のコミュニティを，共通の利害のもとに参集させることであって，これ以上の分断を放置することではなかった。

この和解案を承認した裁判所の意見には，ワインスタインの考えが集大成されている。ベトナム帰還兵自身が認めているように，彼は，帰還兵たちが救済を必要としていることに対応するために，法を枉げたと言われるのだろう。法的先例に拘束されることを否定して，「正しい結果」に到達するために，彼は法の外延を広げたのである。これによって，帰還兵たちは十分なものを得たは

ずである。ワインスタインは，その均衡を正しいものとするために，彼にできることをなしただけなのである。

　この事件は，ベトナム戦争を背景とする法的問題を解決した範囲で有意義なものであることは明らかであるが，ここでの経験は，その後の数十年にわたる私の仕事にとって，多くのことを教えてくれた。とくに，その20年後に発生した9.11の大惨事の後に，補償金支払いに関する請求適格者と補償金額を決定するために，再びワシントンDCに召喚されたとき，ワインスタインからの教訓は，発想の源として生きていることが明らかになる。

第3章

9.11 犠牲者補償基金
――公的資金による救済は妥当か――

　2001年9月11日の同時多発テロからわずか7日後,議会は,アメリカ史上,前例のない法律を可決した。便宜上,「航空運輸安全及び航空システム安定化法」という略称が付けられているが[31],この新法(以下,「安全安定化法」という)は,ワールド・トレード・センター,国防総省(ペンタゴン),ペンシルバニア州シャンクスビルの事故を契機として,国内航空機産業に対する金融支援と融資保証を提供するものであった。

　全国規模の大惨事に続く混乱のなかで,航空産業各社は,支援を求めて議会に駆け込んだ。その代表者たちが警告したのは,テロ攻撃の後,一般市民が,航空機による国内外の旅行を自粛するだろう,というものであった。航空各社は,政府による金融措置を歓迎し,被害者が航空産業に対して,その過失責任を追及する訴えを提起する権利を制限するよう求めた。議会はこれに迅速に対応したが,既存の法制度の適用を完全に排除することはしなかった。すなわち,犠牲者とその家族は,航空会社,ワールド・トレード・センター,その他可能性のある被告に対して個々に不法行為訴訟を提起することができるが,その提訴はマンハッタン地区の連邦裁判所のみが管轄し,犠牲者の自宅に近い州裁判所(犠牲者に同情的な陪審を抱えている)での提訴を認めなかった。そして,テロリストがハイジャックした4機に関する保険金の総額60億ドルを,航空会社の賠償責任の上限とすることとした。航空会社の賠償責任に上限を定

---

31) Air Transportation Safety and System Stabilization Act of 2001, Pub. L. No. 107-42.

めることにより，議会は，犠牲者とその弁護士に対して，「訴訟提起する前に，よく考えてほしい。航空会社を法廷の標的とすることにアメリカは関心がない」という明瞭なシグナルを送ったのである。

しかし，この問題が議論されるわずか1日前，11時間にわたる働きかけにより，安全安定化法案に，思いつきのように第4編を追加した。それは，テロ攻撃の犠牲者とその家族に対する補償基金を設立する，というものであった。議会が，訴え提起の権利を制限しようとするなら，請求適格者に補償するための，訴訟に代わる手段を定めるのが，唯一公正な方法だというのである。

安全安定化法は，9.11における犠牲者の遺族と，重傷を負いながら生存した被害者に対して，二つの選択肢を提供している。すなわち，これらの者は，ニューヨーク市の連邦裁判所に提訴し，法廷で大きな成果を得ることを期待して，航空会社，ワールド・トレード・センター，航空機製造会社その他がテロ攻撃を防ぐことができなかったことに過失があると主張することができる。これらの者は，事前に提訴権を放棄して，公的資金によって設立された補償基金プログラムに参加することができる。このプログラムにおいては，補償申請する者は，被告の責任根拠（過失）について，証明する必要はないが，テロにより死亡した，または傷害を負ったことを示すだけでよい，とされた。選択するのは，これらの被害者たちである。

安全安定化法によれば，この補償金支払いには免税措置が認められ，その資金はすべて納税者からの公的資金でまかなうものとされた。航空会社，ワールド・トレード・センターその他の企業はいずれも，この補償基金に資金を拠出する義務を負うことはない。また，議会は，被害者に配分する補償金の額を明示しなかった。この補償金支払いの目的にとって，人命の価値をどのように決定すべきかについて明示されていなかったので，司法長官から権限を委譲された特別管理人が，この補償基金プログラムを設計し，管理運営することによって，この問題を処理することとなった。この特別管理人は，申請された請求を審査し，限られた資金から被害者に補償金を支払うことについて，大きな裁量を有することになる。このような補償基金プログラムを実施することについ

て，議会はどんな役割も果たさないことに決めた。請求適格のある被害者に対して補償金支払いを急ぐべきだとの心理に押されて，司法長官は，上院の正式な承認手続きを経ないで，この特別管理人を選任することとした。

このような権限委譲関係——議会から司法長官，司法長官から特別管理人へ——もまた，前例のないものであったが，理解しうるものでもあった。議会は行動すること，しかも迅速に行動することを決めたからである。可及的速やかに，9.11犠牲者に補償金が支払われることを求めたのだ。手続的な煩雑さ——疑いなく，補償金の支払いを遅延させる——を避けるため，迅速さを選んだということである。それゆえ，ただ1人の人間が，新しいプログラムを設計し，管理運営する権限を有することになった。

アメリカの制定法の歴史のなかで，この新法ほど，請求適格者と補償金支払いの決定に関する大きな課題に直面したものはない。9.11同時多発テロの後，数ヶ月内に，この特別管理人はまずもって，請求適格——誰が補償の申請ができ，誰が補償金の支払いを受けることができるか（必ずしも申請者と同一とは限らない）——を定義することになる。第二に，特別管理人は，何千という申請者について，損害算定を適切に行わなければならない。この特別管理人のみが，適切な補償金支払いを決定することになるが，その二つの任務はたいへんに厄介で，大きな責任を伴うものであった。

9.11犠牲者補償基金を設立した安全安定化法の文言を目にしたとき，すぐに興味をそそられた。そこで，旧友のチャック・ヘーゲル上院議員（ネブラスカ州選出，共和党）に連絡を取ることにした。彼が復員軍人援護局次長であったとき，ベトナム枯葉剤事件に関連して，一緒に仕事をしたことがあったからである。ヘーゲルは司法省に電話連絡をいれ，2～3日以内に，ジョン・アシュクロフト司法長官[32]と面談することとなった。ただちに，われわれは，目の前の課題が何であるかについて，意見が一致することが明らかになった。アシュクロフトが私に注意したのは，感情的になっている犠牲者とその家族に補償

---

32) John David Ashcroft (1942-). ブッシュ政権下で第79代司法長官（2001-2005）。

金の支払いをするという決定に付随する問題についてであった。この新法のような法律は過去に存在しなかった。しかし，司法長官は，私の資質と経験に感じ入ったようであった。私がテッド・ケネディの主要な側近であることは，それほど問題にならなかったようだ。安全安定化法の実施にあたって付随する政治的なリスクを考慮すれば，アシュクロフトは，ブッシュ政権から距離のある人物を，特別管理人に指名しなければならなかったからである。2回目の面談の後，彼は私に，特別管理人への就任を打診した。

　私は，9.11犠牲者補償基金の特別管理人として，33ヶ月を過ごした。死亡した者と身体的傷害を負った者およそ5,500人の補償金申請者に対して，70億ドルを支払った。あれから10年を経ても，私が遺族や生き残った被害者から聞きただしたエピソードを思い出すときがある。

　補償基金プログラムを作るとき，常に自分に，こう問いかけている。「誰がいくら受け取るかを，どのようにして決めていくのか。その請求適格者と補償金額を決定する際に，どのような問題に直面するのだろうか」。9.11犠牲者補償基金は，まさにこういった問題を取り扱うのに格好の例である。一見，簡単そうにみえるこれらの問題に対する解答には，実は驚くべき複雑さが潜んでいることが端的に示されている。

　第一に，請求適格を有すべき者の基準について，安全安定化法第4編は詳細を定めていなかった。乗っ取られた航空機の乗客，ワールド・トレード・センターやペンタゴンで死亡した者の遺族は，補償金の申請をすることができる。しかし，テロ攻撃の地点に「近接する場所」で，身体的な傷害を負った者は申請できるのか（この文言は，どのくらい「近接」していればいいのか，「場所」とは何を指すのか，について明確に定めていない）。身体的傷害はないものの，精神的損害のみを被ったと主張する者は，たとえ全くの偶然によって恐怖を免れ，その後鬱病その他の精神的疾病によって，行動することが不可能となったとしても，請求適格は認められなかった。

　しかし，どの家族構成員が，補償金の申請をし，これを受け取ることができるかが問題となったとき，安全安定化法は，明確な規定を置いていなかった。

新法を制定し，犠牲者とその家族に対する支援と共感を表明することに流されて，議会は，「誰が請求適格を有するか」についての詳細な定義を設けることをないがしろにしてしまった。その代わり，これらの問題に対する解答を，同法の後に定められる規則と，事案ごとの判断において，司法長官と彼が指名した特別管理人に委ねることとなった。

犠牲者の遺族で，生存している配偶者や両親が合意できないとしたらどうなるのだろうか。兄弟間で補償金額が異なるとしたらどうなのか。婚約者や同性婚の配偶者はどうなのか。補償基金の規則は，必要に応じて，これらの問題に取り組まなければならなくなるだろう。犠牲者が遺言を作成していたら，われわれは，通常，遺言の指示に従うことになろう。しかし，そのような遺言が残されていなかった場合，基金からの補償金について申請できる者および補償金を受け取ることができる者を決定するのに，犠牲者の居住地を管轄する州法に従うこととなろう。したがって，請求適格をめぐる定義を設けるには，州法を手がかりにすることになる。

私は，司法省と行政予算管理局の高官と協働して，安全安定化法にもとづく委任を執行するために，9.11犠牲者補償基金に関する諸規則原案を起案することとなった。6週間にわたって，少人数のワーキング・グループが，司法省ビルの大きな会議室に集まって，規則原案の起草を分担し，請求適格や補償金額とこれらに関連する厄介な問題をどのように解決するかを明らかにしようと努力した。われわれは，司法省や行政予算管理局内の関係者に原案を回付した。われわれの間で合意に達したとき，規則試案として，パブリック・コメントを聴取するため，正式に官報に掲載されることとなった。そして，最終規則として，9.11犠牲者補償基金に関して，広範囲にわたる規則群を公示することとなった。

死亡した犠牲者に関する請求適格の基準は，それほど問題はなかった。ニューヨーク市警の死亡証明書，テロに利用された航空機の乗客からの証言やペンタゴンの軍関係記録によって，どの遺族が，死亡補償請求のために，補償基金に申請できるかを定める一助になった。

身体的傷害については，問題が多かった。かりに基金規則が請求適格者をある程度絞っていなければ，ワールド・トレード・センター崩壊から生じた粉塵や残骸によって呼吸器疾患となったと主張する，ニューヨーク市の5地区とニュージャージーの住民からの何百万という申請が基金に送達されることとなる。同時多発テロに続く数日間，新聞は，スタッテン島とジャージーシティの住民が，汚染された大気を吸い込んだため，咳が止まらないとか空咳をすると主張して，パニックに陥った様子を報道していた。私は，身体的傷害にもとづく請求がまだ潜在しており，それらが，テロの後，数週間，数ヶ月あるいは数年の後に申請されるのではないかと，関心をもっていた。

　われわれが起案した基金規則は，こういった問題にも取り組むものであった。第一に，安全安定化法は，テロ攻撃に「近接する場所」に関する請求に限定していたので，基金規則では，ワールド・トレード・センター崩壊に係る身体的傷害については，地理的要素によって限定することとした。すなわち，請求適格の地理的範囲は，カナル・ストリートから北，ウォールストリートとロアーブロードウェイの東西，サウスフェリーから南の範囲である。それ以外のニューヨーク市地区やハドソン川対岸の住民は，請求適格を有しないこととした。基金規則はまた，身体的傷害にもとづく申請はすべて，9.11同時多発テロの後72時間（最初に治療にあたった者が多忙で，早期に治療ができなかった場合は96時間）以内になされた緊急治療であることを示す医療記録を添付することを求めていた。被害者が後遺症を主張する場合は，申請期間は，その後遺症の兆候が最初に現れた日から起算されるものとする。このような基準は，安全安定化法の適用範囲と身体的傷害に関する請求の適格性を，大きく制限することとなる。

　補償金支払いを受け取ることができる者を決めた後，次の問題は，その支払い金額を決定することである。この問題は，新たな厄介事となった。安全安定化法の定めることによれば，損害の算定は不法行為原則にもとづいてなされることになっている。すなわち，特別管理人ははじめに，犠牲者の経済的損失—テロがなければ得られたであろう生涯収入—を算定し，次に，非経済的損失

（当該犠牲者やその関係者に生じた苦痛や精神的苦痛）の一定額を，この経済的損失に付加することとなる。さらに，安全安定化法は特別管理人に対し，犠牲者およびその遺族が受け取った，収入填補のための給付金，たとえば生命保険金や従業員補償プログラムから支払われた金銭については，補償基金による支払いの額から控除することを求めている。

　経済的損失の決定は比較的容易であり，伝統的な不法行為原則にもとづいて，これをなすことができる。犠牲者の年齢，死亡もしくは傷害時の収入，あるいは，犠牲者が特定の職業についていた場合には，その職業の平均退職年齢に関する労働省や統計局の数字などを考慮する。それぞれの地方にある裁判所や陪審は，このような損害算定の判断を，日常的に行っている。したがって，特別管理人は，それぞれの請求申請について損害算定するときは，裁判官と陪審員の両方の役割を果たすこととなる。

　しかし，損害の算定を，不法行為原則とその経済的損失概念に結びつけると，いずれの請求適格者もそれぞれ「異なる」金額の補償金支払いを受けることが確実になってしまう。これでは，補償基金プログラムを設計するうえで，重大な欠陥になってしまう。ワールド・トレード・センター上階で働いていた銀行家，証券仲介業者，金融専門弁護士などの遺族は，ワールド・トレード・センターレストラン階にある「ウィンドウ」で働いていたウェイター，国防総省に勤務していた軍人あるいはテロに立ち向かった消防士や警察官の遺族よりも高額の補償金を受け取ることになる。安全安定化法の目的が，個々の犠牲者を裁判所の外に出るよう促し，その代わり，彼らに，新たに設立される基金からの補償金を申請するように求めることである以上，このような仕組みは筋の通ったものである。したがって，消防士の遺族が任意に提訴権を放棄すれば，特別管理人は，その消防士の遺族よりも，証券ブローカーの遺族に，より多額の支払いをしなければならないこととなる。

　しかしながら，個々の申請者に異なる額の公的資金を支払うことにより，まさに議会が支援しようとした個々人の間に，軋轢と怒りをもたらすことになってしまった。たとえば，怒りに駆られた未亡人は，このように述べている。

「この法律はばかげている！ 私の夫は消防士で，ワールド・トレード・センターで悲壮な死を遂げました。法律により，私は200万ドルを受け取るのでしょう。しかし，私のお隣さんは，エンロンを担当する銀行家だったけれど，300万ドルを受け取るという。なぜ，政府は，こんなことをするのでしょう」。この安全安定化法は，個々の請求適格者に対して，公的資金にもとづいて，補償金を優遇するものである。しかし，個々の申請者は，いろいろ情報を収集して，比較検討することであろう。金額そのものが，比較を通じて，彼らの間に暗い影を投げかけることになる。

　それでは，非経済的損失についてはどうだろうか。犠牲者の苦痛や遺族の精神的苦痛には，厄介な問題が潜んでいた。不法行為制度は裁判官と陪審員に広範な裁量を認めており，死の直前に精神的苦痛を与えられた犠牲者は，直後に死亡した犠牲者よりも，非経済的損失については，より多額の，何百万ドルもの金銭を受け取るもの，とすることができる。すなわち，証拠と死亡時の状況の特徴に照らして，個々の原告は，裁判所において，個別の事情に応じた取扱いをしてもらうこととなる。

　特別管理人は，不法行為法の原則に，文字通り従うべきなのか，死の直前に被った精神的苦痛の大きさに応じて，個々の請求に対して，異なった額を提示すべきなのだろうか。ワールド・トレード・センターで即死した犠牲者は，ワールド・トレード・センターとペンタゴンに突っ込んだ航空機の乗客で，想像もできない恐怖を味わった者よりも，少ない補償金額を受け取るべきなのだろうか。

　私の最終判断は，不法行為法の枠組みを否定したうえで，感情的になりそうなこの問題に取り組むことであった。9.11犠牲者補償基金は，基金への申請と切り離された，個々の犠牲者に関する裁判所の問題を対象としないが，テロから数分もしないうちに死亡した犠牲者3,000人の心的外傷については検討する。補償基金が，非経済的損失に関する請求を個別に測定しようというのは，かえって，感情的なこじれを招いてしまう。たとえば，犠牲者が，航空機，ワールド・トレード・センターあるいはペンタゴンで，死の直前数分間に味わった恐

怖の証拠を，感情的になっているその遺族に提出させるのだろうか。遺族に，そんなつらいことを追体験させる必要があるのだろうか。その解決は，ベトナム枯葉剤事件でジャック・ワインスタイン判事が行ったように，不法行為法の枠組みを，ひとまず脇に置くこととした。その代わり，非経済的損失については，すべての遺族について同一の基準を適用することとし，9.11同時多発テロの死亡者には25万ドル，その配偶者及び扶養家族には一律10万ドルを支払うものとした。たとえば，犠牲者が死の直前数分間で被った精神的苦痛についての伝聞，といった証拠を追加的に提出する必要はない，とした。補償基金は，うちひしがれている遺族が，これ以上，大惨事の日のことに感情的に浸ってしまうことを抑制しようとしたのである。

さらに，同時多発テロを原因として給付された，収入填補のための金銭を，補償金から除くことについて問題が生じた。議会の判断では，公的資金は最後のよりどころとして使用されるべきであり，他に補償金の支払いを受けられるのであれば，基金からの補償金支払いの算定にあたっては，その分を控除すべきだ，というのである。基金の目的が，将来の経済的不安に対して，残された遺族に金銭的セーフティーネットを提供するというものであれば，このような議会の判断は筋の通ったものであろう。しかし，補償基金に申請した者のうち，次のような不満をもつには，納得できないにちがいない。すなわち，「ファインバーグ先生。これは受け入れられません。私と妻は，将来の経済的な問題に備えて，生命保険に加入したのです。私の隣人は，生命保険には加入していませんが，その代わり，終身保険料相当額を受け取って，ラスベガスで散財したのですよ。隣人は，生命保険に加入しないで，得をしているのに，私が受け取った100万ドルの保険給付金を控除するのは，なぜですか」。

私は，安全安定化法の文言について説明しようとした。しかし，申請者たちは，あきらかに不満を抱えたままであった。私は，補償金支払いの最低額を算定できるという広い裁量—同法と補償基金規則の両方によって付与されたもの—を利用して，厳格な代位物控除ルールを緩和することとした。

アメリカ赤十字やロビン・フッド財団[33]，ツイン・タワー基金のような慈善

団体からすでに義援金が支払われていたとしたら，どうか。これらの寄付は総額20億ドルにも上るが，9.11犠牲者補償基金からの支払いの算定において，やはり控除されるべきなのだろうか。安全安定化法の文言上は，このような控除を要求しているように思われる。しかし，慈善団体とすれば，犠牲者への義援金支払いが，たんに公的資金との相殺に使われてしまうことを防ぐべきであるから，そうするためには，慈善団体は，9.11犠牲者補償基金が補償金を支払った後でなければ，義援金からの追加的支払いをしない，として寄付された資金を凍結しておくこととなる。これら慈善団体の代表者と会談した後，私は，慈善団体からの支払いを，収入填補の代位物と扱わないことに決めた。こういった義援金のような資金を，困窮している遺族や生き残った被害者に支払うのが遅延することについて，私が責任を負う意図はないからである。

　補償基金に対する請求適格の要件，経済的損失および非経済的損失の両方を考慮した損害算定基準，給付された代位物控除の基準といった問題を解決しながら，私は，請求適格と補償金額について最終的な判断をすることとなった。9.11犠牲者補償基金は依然として，補償基金プログラムをどのように設計するかについてのお手本であり，これによって，一連のやっかいな問題に取り組むことが可能となろう。

　しかしながら，別途，検討すべき重要な問題がある。すなわち，正当手続保障と手続的公正の両方を考慮すべき場合である。すべての申請者に聴聞の機会を認めることが，このような基金の成功には必須である。その選択は，完全に任意のものでなければならない。いかなる申請者も，特別管理人と面談することを要求されない。しかし，遺族が正式に宣誓のうえ，肉親についての証言をすることや，身体的傷害を克服して，前向きに生きようという努力について証言することを欲する場合，9.11犠牲者補償基金は，彼らと面談する機会を喜んで受け入れるだろう。

---

33) 貧困問題に取り組む団体を選んで資金提供をしている。2013年度は，1億2,600万ドルの寄付が集まったとのことである。*See*, https://www.robinhood.org/approach (visited November 22, 2015).

同補償基金プログラムの設定期間である33ヶ月の間，このような聴聞のための個人的面談を900ほどこなした。補償金について話題になることはめったになかった。個々の請求申請者は，その話題を持ち出すことすら嫌がった。その代わり，肉親を失ったこと，事前の告知も警告もなしに，悲劇的に終焉を迎えた命を正当に評価してほしい，ということを何度も繰り返した。このような申述の多くが，未だ私の記憶のなかに鳴り響いている。

「親と子の無条件の愛情ほど大きな愛はありません。息子が逝ってしまった夜，私は眠れませんでした。すると，車が駐まる音がして，階段を上る音が聞こえたとき，私は息子が帰宅したような気持ちになりました。親というのは，そういう気持ちになるのです。息子の友達が結婚して，子供が生まれたのを見ていたら，彼のことを考えて，私の家族は子供を1人失ったのだと感じました。私の息子は私のすべてでした。いつも小さな子供のようで……。彼を失ったことに言葉もありません。彼は，私の最も大きな人生の喜びでありました。ずっと愛しています」。

「失ったものが大きい，などというものではありません。夫とは5年間一緒に暮らしました。彼が帰ってきて，息子を連れ出す，という夢を何度も見ました。夢の中で彼はこういうんです。『5分だけ，私にくれ。5分たったら，息子を帰すから』。でも，その5分を彼にあげることはできません。彼はもう何も手にすることもできないんですから」。

「私は夫を強く信じていました。そして，彼はいつも私と一緒にいてくれて，私を助けてくれました。死は死である，逝った者は逝ったのであるという人がいますが，私はそんなことは信じることはできません。彼が今，私のそばにいると信じています。そして，彼が私と一緒に階段を上って，歩いていると思うと，彼が元気をくれたと思えるのです。彼は，あの日だけでなく，その前の人生において，とても力強い人だったのです。だか

ら，できる限り力強く生きることが，私の彼に対する義務なのです」。

　私には，とくに忘れられない聴聞が一つある。今にも倒れそうな若い女性が，うちひしがれて，すすり泣きながら，私との面談にやってきた。彼女は，その夫がワールド・トレード・センターで犠牲になったと，次のような説明をはじめた。

　「ファインバーグ先生，私の夫は専業主夫でした。いつも自宅にいて，6歳の子には野球を教え，4歳の子には読み書きを教え，2歳の子にはベッドの脇で，寝るまでご本を読んであげていました。そして，すばらしい料理人でもあったのです。また，芝を刈り取る庭師でもありました。そう，彼は専業主夫だったのです。私がこの地上に留まって，彼の待つ天国へ行かない理由は，ただ一つ，3人の子供がいるからです。彼は，私が3人の子供と地上に留まるよう願っているのです」。

　彼女が去った翌日，ニューヨーク市のある弁護士からの電話を受けた。

　「ファインバーグ先生，昨日，ワールド・トレード・センターで夫を亡くした，3人の子持ちの女性と会われましたか。あなたの日常を乱すつもりはありません。あなたは，とても難しいお仕事をされているのですから。しかしですね，彼女は，彼女の夫がブロンクスに住むガールフレンドとの間に，2人の子供を設けていることを知らないのです。私は，こちらのガールフレンドの代理人です。あなたが9.11犠牲者補償基金から支払小切手を交付する先は，3人の子供ではなく，5人の子供なのですよ。私は，もう2人についての親子関係を証明することができます。あなたが正しいことを行うと信じています」。

　このようなエピソードで，夜中の3時に目を覚ますこともあった。2人の子

どもがブロンクスにいることを，あの未亡人に告げるべきだろうか。この事実を知るのに手を貸してやるのがいいのだろうか。それで，なにがしか良いことがあるとして，私は事情を説明するのにふさわしい人間だろうか。私は，口をつぐんでいることにした。私の仕事は，9.11の犠牲者に補償金を支払うことである。あの未亡人は，亡くなった夫について定見をもっていた。苦悩のなかで，彼女にさらなる混乱を与えるのは適切でない，と思った。

　私は密かに，二つの補償金支払い案件を，別々に認めた。一つは，先の未亡人とその3人の子供，もう一つは，その夫のガールフレンドと，彼女が保護者となっている2人の子供に対するものである。あれから10年を経た現在，あの未亡人はおそらく，亡き夫に，生前，ガールフレンドがいたこと，2人の子供がいたことを知っているだろう。しかし，私は正しいことを行ったと，ずっと信じている。

　こういった聴聞の結果，申請者たちが，9.11の犠牲となった者への想いを裏付ける思い出の品を送ってきたため，私の事務所はそのような思い出の品々——たとえば，表彰状，記念メダル，学位記，善行証明，宣言文等々——でいっぱいになった。これらを送ってきた目的として心当たりがあるのはただ一つ，特別管理人が，犠牲者の善良な性質と無私無欲を正しく認めてくれるように，である。

　この聴聞手続きは私がこなせる量にとどまり，把握するにあたっても都合のいいものであったため，くつろいだ雰囲気の面談方式が，申請者を力づけ，補償支払い手続きに参加させるのに有効な手段であることを証明した。しかし，相対的に少ない数の請求申請者だから可能となる，贅沢なものだということは常に認識していた。申請の数が増加するにつれて，補償基金プログラムには，その支払いを求める何千，何万という個人が押し寄せてきて，そのような個別の聴聞は実際に不可能となり，かえって遅延と非効率の原因となってしまう。そのことは，後に，ブリティッシュ・ペトロリアム（BP）社がメキシコ湾岸で原油流出事故を起こした関係で設立されたメキシコ湾岸地域被害者補償基金（Gulf Coast Claims Facility. 以下「GCCF」という）を管理運営したとき，認識

することになった。

　もし数字的なものだけ見るとすると，9.11犠牲者補償基金は，際だった成功に映るだろう。最終的に，9.11犠牲者の遺族は平均して200万ドルを受け取った。重大な身体的傷害を負った者は，平均して40万ドルの支払いを受けた。犠牲者の家族で請求適格のある者のうち，98％が任意に補償基金プログラムへの参加を選択した。わずか94家族が，補償基金からの支払いを拒んで，航空会社とワールド・トレード・センターを提訴することとした（数年後，これらの原告は，裁判外で，和解によって決着をつけた。和解の内容は非公開であるが，弁護士費用，訴訟費用，金銭価値の時間的減少などを差し引くと，和解額の手取りは，補償基金が提供した免税措置のある補償金額よりも少ない，と結論づけてよいと思われる）。

　世論は，補償基金プログラムの成功を受け容れた。私の関心は，特別管理人が9.11の犠牲者とその遺族に何十億ドルも支払ったのが，まったくもって不公正だとして，納税者が反発するかどうかにあった。しかし，世論は，補償基金プログラムが，自身に何の過失もないのに犠牲者となった者を支援しようと努力したことに賛成して，このプログラムの善意を支持したのである。同時多発テロから10年が過ぎた今でも，空港のターミナルビルや街の通りで，見知らぬ人が立ち止まって，私がたいへんな任務を担当し，惜しみなく注力してくれたことに謝意を示すのだった。テレビや新聞の写真で私と認めると，コメントをくれる市民は，つねに丁重かつ支持を表明するものであった。たとえば「あなたは，9.11テロ攻撃の犠牲になった人たちに補償金支払いを担当した同志ではありませんか。どんなお仕事をされたか分かりませんが，お仕事，ありがとうございました」。

　しかしながら，9.11犠牲者補償基金の設立は，健全な政策判断だったのだろうか。ある補償基金が，一定数の犠牲者に対し，免税措置のある，公的資金を気前よく提供する一方，同様の損失を被った者に対しては，そのような補償金を認めない，といった違いを正当化することはできるのだろうか。たとえば，オクラホマ・シティの連邦政府ビル爆破事件[34]，アメリカ海軍駆逐艦コールに

対する自爆テロ事件[35]），あるいは 9.11 の原型ともいえる，1993 年のワールド・トレード・センター爆破事件[36]）の犠牲者に対して，9.11 犠牲者補償基金のような基金が設立されなかったのはなぜだろうか。

　問題はテロによって引き起こされた後遺症に限定されない。2005 年のハリケーン・カトリーナ[37]）の犠牲者，あるいは 2011 年ミズーリ州ジョプリンやアラバマ州タスカルーサを襲った竜巻の被害者に対して補償金支払いが検討されたとき，議会は沈黙したままだった。いかなる定義をもってしても，これらは大量の被害が出た災害である。また，自分に帰責性のない個々の犠牲者が，自分と無関係な惨事によって被害を受けた場合はどうか。たとえば，ミシシッピ川から 3 人の少女を助け出した女性が，救助した後に自分が溺死した場合，若い法科大学院生が自分の将来を心配しながら歩道を歩いていたら，酔っ払い運転の車にひき逃げされて死亡した場合，ワールド・トレード・センターの現場で初動対応者だった消防士や警察官と同様に，地域のため，毎日の業務で危険にさらされている消防士や警察官についてはどうか。彼らに支払小切手が交付されない理由は何か。

　裁量で使える公的補償基金プログラムが，選ばれた少数の者に対してのみ利用できることの正当な理由を，どのように証明することができるだろうか。

---

34)　1995 年 4 月 19 日，オクラホマ州都オクラホマ・シティにある連邦政府ビル（アルフレッド・P・マラー連邦ビル）の正面玄関に駐車していたトラックが爆発，168 人が死亡し，800 人以上が負傷した事件。犯人が，イスラム過激派ではなく，元陸軍兵士で，湾岸戦争にも従軍した経験のあるティモシー・マクベイだったことが話題になった。主犯のマクベイは，2001 年 6 月に死刑執行された。

35)　2000 年 10 月 12 日，イエメンのアデン港に停泊していた，アメリカ海軍ミサイル駆逐艦コールが，小型ボートによる自爆テロを受け，大きく破損した事件。アルカイダの犯行といわれている。

36)　1993 年 2 月 26 日，ワールド・トレード・センターの地下駐車場で，爆弾が爆発した事件。犯行声明がアルカイダから出された。

37)　2005 年 8 月末，アメリカ南東部を襲った超大型のハリケーンである。死者は 1,800 人以上，130 万人が避難を余儀なくされた。初動対応のまずさから，ブッシュ政権が強く非難された。

9.11犠牲者補償基金は，まさに「請求適格者と補償金額」に関する問題を投げかけるものである。

この10年間，私が繰り返し述べ，ずっと信じているのは，9.11犠牲者補償基金は健全な公共政策を示しており，前例のない全国規模の大惨事に対して，アメリカ国民が示した，十分理由のある，深い思いやりのある反応の結果である。テロ攻撃の直後に興奮（愛国的熱情を含む）が高まり，議会は，犠牲者に対する共感と支援を表明することを要した。アメリカ国内に対する外国からの攻撃を契機として，議会は直ちに法律を制定し，裁量で利用可能な公的資金による補償基金を設立したが，それは，アメリカ人が寄り添い，単一の共同体となって，みんなが困っているときにお互いが助け合う準備が整ったということを積極的に示すものであった。アメリカ国民—個々の犠牲者個人ではない—の視点からは，9.11犠牲者補償基金は国民全体が悲劇に立ち向かうことを支援するものであった。

この補償基金を設立した安全安定化法の文言を研究するうちに，私はワシントンDCにあるリンカーン記念館のことを思い出すこととなった。リンカーンの一方の拳は握りしめていて，北軍を救うためなら何でも決断する，ということを示している。しかし，もう一方の拳は開いていて，南北戦争時の犠牲者に向けられており，南軍，北軍にかかわらず，思いやりとお互いに助け合う義務のシンボルを表すものとなっている。9.11同時多発テロの後の数週間においても，同じことがいえる。国全体の力は，オサマ・ビン・ラディンと9.11の首謀者を突き止めるために行使され，同時に，アメリカ国民は，困っている人を支援するようになるだろう。アメリカ人は，人命と死の無情に思いを寄せ，9.11事件では，自分自身が犠牲者になったかもしれないと考えたのである。

もちろん，9.11犠牲者補償基金は，航空会社が膝を屈する立場にたつような訴訟を抑制するために設立された，というのは当を得ている。しかし議会は，すべて納税者からの資金によって設立された，裁量で使用できる補償基金を提供しなければ，航空会社を救済できないと考えていた。9.11犠牲者補償基金はせいぜい，愛国主義と同志市民への共感から衝動的に生まれた行為の表れとみ

ることができるだけである。議会が9.11犠牲者補償基金について賢明な判断をするのに，もう2週間かかったとしたら，そのような，裁量で使える公的補償基金を設立することができたかは疑わしい。しかし，迅速であることが最重要だった。われわれの歴史において，まさにそのタイミングで，議会は適切に行動したのである。10年後に振り返ることができれば，誇りをもって，そのように指摘することができるだろう。

　しかし，議会は将来，同じことを繰り返してはならない。少数の市民のために，公的資金による補償基金を設立して，それぞれが異なる金額を受け取る一方，他の者には，そのように裁量で使うことを否定する，という考えは，法の下の平等，平等主義やフェアプレーといった，アメリカの政治哲学と整合的でない。われわれの政治的気質として，エリート主義，すなわち，政府が好む少数者を助けて，その他の者は自力で何とかするべき，などという観念には難色を示すのである。個人の自立と自由―どこに住居を定め，どのように行動し，どのようなリスクをとり，どのように逆境に対応するか，について選択できる―は，アメリカ的伝統の根幹である。政府部門の権力抑制は，その一つである。われわれは，大惨事が起きたらいつでも，自由に使い道を決められる資金を政府に要求してはならないし，それを期待してもならない。民間保険制度など，個人が人生の不確実性に備えることが原則であって，2世紀以上も，アメリカ国民に自覚されてきたものである。

　9.11犠牲者補償基金をユニークなものにしているのは，基金の使い方が裁量に任されていることと，すべて公的資金でまかなわれていること，である。以下の二つの事実によって，9.11犠牲者補償基金を先例とするためには，克服困難な問題が予想されることがわかる。

　数年前，イギリスに招かれて，数人の議員と会談した。彼らは，ロンドンの交通システムに向けられたテロ攻撃[38]で犠牲になった人たちに補償することについて関心をもっていた。会合は友好的なもので，あるメンバーが補償金の

---

38) 2005年7月7日の早朝，ロンドンの地下鉄3ヶ所とバスが爆破されたテロ事件で，56人が死亡した事件を指すと思われる。

規模について質問するまでは，順調に進んでいた。彼は真実を聞いて，ショックを受けていた。「あなたたちの政府は，なんという金額を支出したのだ」と。すぐに，会合は終わりとなった。同様に，2007年，キャンベラを訪問した。オーストラリアは過去に，アボリジニの移住を強制する政策をとったため，アボリジニに多数の犠牲者を出した。これに対し，公的な補償をする検討をしている当局者と会合を持った。再び，9.11犠牲者補償基金が犠牲者に支払った金額を知ると，そこで議論が止まってしまった。

　しかし，議会は，9.11犠牲者補償基金を不法行為制度と関連づけて，請求適格者が任意に提訴権を放棄できるようにしたため，同基金が，大きな裁量によって補償支払いを遂行できることとなったのは明らかである。不法行為制度と同補償基金は，不即不離の関係にあったということである。この点は，ある意味で不幸なことであったかもしれないが—議会は，職業や個別の事情にかかわらず，一律に同額の補償金を支払うことによって，犠牲者に対する思いやりと共感を示すべきであった—，まさにその補償基金の創設によって，議会は訴訟の乱発を避けるという努力を示したのであった。後者の目的を達成するには，議会がまさにその回避を求めた不法行為制度を，補償金支払いに結びつけることを要したのである。イギリスとオーストラリアの法制度はアメリカとかなり異なるので（ロンドンとキャンベラの当局者は，アメリカの裁判所の審理が予測不可能で，非効率的で，かつ不確実であることに驚愕していた），このように大きな裁量を有する補償金支払いシステムを認める必要はないのである。

　また，9.11犠牲者補償基金は，ここアメリカ本国の先例として取り上げられるべきではない。自然災害や人災で生じる問題に取り組むために，同様の基金を設立するということに，議会が何の関心も示さなかったのは明白である。製薬会社や製造業の会社役員が私に尋ねるのは，何千もの訴訟を誘発するような，薬害，アスベスト，シリコン等に関する広域不法行為訴訟に，9.11犠牲者補償基金プログラムを先例として取り組むことができるかどうか，である。私の答えはつねに同じである。「イエス。9.11犠牲者補償基金は先例となり得る。一律200万ドルをそれぞれの犠牲者に提供し，その分を納税者に支払ってもら

うようお願いするだけだ」。特別な基金設置のアイデアは，この瞬間，終わりを告げる。この種の基金が成功するには，私企業であっても，前例を見ないほど巨額の，裁量によって利用できる資金を提供しなければならないだろう。本書第6章で明らかにするように，メキシコ湾油田掘削設備の爆発で生じた経済的損害や環境被害への補償金支払いのため，BP社が用意した200億ドルの資金は，まさに前例のないものであり，この点に関しては，この問題だけに限定される事例である。

　しかしながら，近時の立法は，9.11犠牲者救済基金に新たな役割を吹き込んだ。2011年1月，会期末のセッションで，新たな法律を可決し，同時多発テロ後の数週間，数ヶ月に渡ってワールド・トレード・センターで従事した何千もの警察官，消防士，建設労働者その他初動対応者の問題に取り組むために，9.11犠牲者補償基金による補償金支払いを再開することとした[39]。テロ直後に傷害を負った，何千もの対応者と同様，これらの初動対応者もまた身体的傷害を訴えていた。しかし，彼らは，安全安定化法が定める2003年の申請期限までに申請することができなかった。というのも，その時点まで，身体的不具合の兆候がなかったからである。続く数年間，後遺症が発症したため，精力的にロビー活動を行った。基本的公正さの根拠を主張し，彼らの補償請求に対応するため，9.11犠牲者補償基金を再開するよう，議会を説得したのであった。

　実際に9.11犠牲者補償基金を再開するには，テロ攻撃の犠牲者に対する補償金支払いに関する安全安定化法の第6編の規定を，削除するだけでよかった。シーラ・バーンバウム[40]は，広域不法行為訴訟の専門家として全国的に

---

[39] 救援活動にあたった後，34歳で死亡した警官の名前から，James Zadroga 9/11 Health and Compensation Actという略称が付されている。ニューヨーク・ニュージャージーでおよそ7万人の初動対応者を対象として，16億ドルの基金が設けられた。この補償基金は2011年に一度期限が到来して，更新されたものの，連邦議会による延長手続きもないまま，2015年10月1日に失効している。

[40] Sheila L. Birnbaum. 現在，Quinn Emmanuel Urquhart & Sullivan事務所パートナー弁護士。http://www.quinnemanuel.com/attorneys/birnbaum-sheila-a NYUの同窓会で，就任に際してファインバーグ弁護士に相談したことを披瀝している。http://

著名な弁護士であったが，司法省は，再開された基金の設計と実行のために，その特別管理人として彼女を指名した。バーンバウムはすでに，当初の 9.11 犠牲者補償基金に参加することを拒否した 94 家族が提起した訴訟を，裁判所が任命した調停人として裁判外で解決するのに成功していた。彼女は，熟練した，信頼できる交渉人であり，これら原告家族の要求にも応えて，それまでマンハッタンの連邦裁判所で決着が付かないままとなっていた訴訟を，一つ一つ解決するまで粘り強く働いた。

しかし，会期末に合わせて，急いで可決した改正法は，意図しない結果をもたらした。第一に，当初の安全安定化法と異なり，新たな基金は 42 億ドルという上限が課せられており，他の申請者に対する補償資金を確保するために，自分たちへの補償金支払いを故意に少なくされている，と主張する申請者が多数となることは確実である。第二に，同改正法は，請求適格者を初動対応者に限定していない。ロアーマンハッタンその他の住民は，理屈の上では，補償を申請する資格がある。しかし，どこで，何時，有害な粉塵を吸い込んだのかについて，適切な時間的，物理的距離の制限を課すことはできない。テロ攻撃の数ヶ月後，建設機械によってワールド・トレード・センターの残骸をスタッテン島のフレッシュキルズ埋立地に輸送することを開始したとき，スタッテン島に暮らすニューヨーカーもワールド・トレード・センターの粉塵を吸い込んだこととなり，その者も補償を請求することができることとなる。最後に，初動対応者たちが，当初の 9.11 犠牲者補償基金から補償金支払いを受けたものの，数年後に，より重篤な症状，たとえば癌を発症したような場合，彼らはさらなる申請をするだろうということを，特別管理人は確実に予測することができる。これらの新しい問題のすべてを洗い出すため，新たな補償基金規則の制定が必要となる。

ベトナム枯葉剤事件における和解金支払いプログラムと 9.11 犠牲者補償基金との間には，微妙ではあるが，重要な類似性が存在する。一見したところ，

---

www.law.nyu.edu/news/sheila-birnbaum-alumni-luncheon

もちろん，これら二つはきわめて異なっている。枯葉剤事件における和解基金は，ワインスタイン判事が主導した和解案にもとづいて，設立されたものであるのに対し，9.11 犠牲者補償基金は議会において提案され，ブッシュ大統領の署名によって法律として発効した。枯葉剤事件では，長引く不法行為訴訟の悪影響を心配した被告化学メーカー 8 社が，比較的穏当とみられる補償金の支払いをした。これに対し，9.11 犠牲者補償基金は，すべてが納税者からの資金で構成され，裁量によって補償金支払いができるという点で，前例のないものである。

　しかし，ベトナム枯葉剤事件の和解基金も 9.11 犠牲者補償基金も，ともに社会的要請から迅速に対応するために「法を枉げて」，できた最たる例である。ワインスタインは，ベトナム帰還兵たちを，不人気な戦争から自宅へ帰すのを支援しようと決断した。前例のない補償金支払い枠組みを使って，彼は，全国規模で，歴史的にはこれが最後となる，痛みを伴う問題の解決を求めたのである。同様に，議会は，アメリカ史上最悪の大惨事の一つが起きた直後に，前例のない補償基金を設立した。9.11 犠牲者補償基金は，犠牲者を対象に設計されただけではない。世界（とテロリスト）に対して，アメリカは依然として連帯して，一つにまとまっている，ということを見せつける，一種の「報復的慈善活動」にもなっている。枯葉剤事件における和解基金も 9.11 犠牲者補償基金もともに，社会のより大きな目的を達成するための，創造的かつ従来にはない考え方と関わっている。たとえば，犠牲者に対して，コミュニティ全体が一体となって政治的支援をすること，犠牲者とアメリカ国民を含めて，心の傷を癒やす過程を公式に明らかにすること，犠牲者を忘れられない間に，次の段階へ前向きに進むこと，そしてもちろん，これら困窮している人びとに経済的支援を提供すること，などである。

　どんな補償基金プログラムも，同じように繰り返されることはない。しかし，いずれも，個々の犠牲者だけでなく，アメリカ社会全体に対する問題に，法がどのように対処できるかを，明確に示してもいる。

第4章

バージニア工科大学銃乱射事件
――命の価値の平等――

　私たちがこれまで見てきたように，不法行為法制度は，財産的損害および非財産的被害にもとづく損害に対応している。
　ある意味これは公平なようにも思える。すなわち，その目的は，不当な傷害の結果によって個人や家族が経験する算定可能な損失に対して補償することであり，それによって，金銭によって可能な程度まで完全に賠償することができる。しかし，別の意味では，この制度は不公正と感じる。というのも，全ての人はそもそも平等であるという多くの人が共有する確信的な信念に反しているからである。地位や身分にかかわらず，全ての人命は同じ価値を持つ，という議論はどうなるのか。信頼でき，公正な補償プログラムであって，そこにおいては，給仕の遺族が株式仲買人や銀行家の遺族とまさしく同額の支払いを受けるといったプログラムを設計することは可能であろうか。不法行為法制度は，したがってまた不法行為制度だけが，請求適格者と補償金額を判定する際に拘束力を持つ指標とならなければならない，などということはどこにも定められていない。
　枯葉剤事件における和解基金の配分をするにあたり，裁判所は，最初にクラスアクションをもたらした不法行為制度の影響を考慮しながら，処理した。そして，9.11犠牲者補償基金が設立されるにあたり，議会は不法行為原則が，特別管理人の権限行使の基準となる旨を明示的に要求した。2001年航空運輸安全・航空システム安定化法（以下，「安全安定化法」という）により，私は，全体としての公正さを確保するために，個々の補償金額を調整するという広範

な権限を与えられた。それにもかかわらず，財産的損害と非財産的損害に関する伝統的な不法行為原則が私の補償額算定の基準となった。同法律が要求したのもこれである。しかし，大惨事の犠牲者に対する補償金の支払いにどのように取り組むかについて，裁判所も議会も公式に言及していないとすればどうか。

　もし先例も制定法上の文言も拘束力ある定めをしていなければ，いかにして，純粋に私的な補償金支払いプログラムを，請求適格者に支払われるように起草することができるだろうか。それゆえ，請求適格者が誰になるのか，補償金額がいくらになるのかについては，政府からのあらゆる命令の有無にかかわらず，私が判断することになってしまった。

　私がバージニア工科大学銃乱射事件における犠牲者への補償に直面した状況がこれである。

　2007年4月16日，バージニア州ブラックスバーグにあるバージニア州立工科大学（以下，「バージニア工科大学」という）で，同大学学生セウン・フイ・チョイ容疑者（23歳）が，アメリカ史上でもめったにない，学生27人と教員5人を無差別に射殺するという事件が起こった。鎖，鍵，ハンマー，ナイフ，拳銃2丁とおよそ400発の銃弾で武装し，チョイ容疑者は，2時間を隔てて，念入りにも，二つの攻撃を別々に行った。最初の犠牲者2人は，午前7時15分ころ，ウェスト・アンバー・ホールで射殺された。およそ2時間後，学部事務室，教室や実験室のあるノリス・ホール・ビルの正面玄関入り口を鎖で封鎖し，2回目の虐殺に取りかかった。容疑者は，行き当たりばったりに近くの教室に侵入し，ドアを閉めながら手当たり次第に銃弾をまき散らして，学生・教員30人が死亡，学生23人が銃弾に当たり，あるいは2階の窓から飛び降りようとして負傷した。警官隊が突入したとき，チョイ容疑者は自殺した。

　その直後，大学当局と警備員は，1回目のウェスト・アンバー・ホールでの銃撃に適切に対応できなかったことで批判され，さらにその後に続く襲撃について，キャンパス全体に警告することが遅れたことで批判にさらされた。その後に行われた調査の報告書では，襲撃者には長期間にわたる精神疾患の経歴が

あったこと，および2005年に，2人の女子学生に対するストーカー行為により，実際に逮捕されていたことが明らかになっていた。バージニア州裁判所は，精神障害を宣告し，メンタルヘルス治療を受診するよう命令を発していた。しかし，連邦プライバシー保護法や学生の権利保護への関心と，ストーカー被害に遭った2人の女子学生がストーカー行為への刑事責任追及を拒んだという事実が妨げとなって，バージニア工科大学はそれ以上の情報公開をしなかった。

この銃撃事件は，もちろん全国ニュースとなった。マスコミは，大学キャンパスを包囲した。キャンパスでの殺人に関する記事，すなわち襲撃者，犠牲者の勇敢な行動，銃撃に対する大学側の対応，この悲劇が，銃撃を免れた学生や大学全体に及ぼす影響，そしてバージニア工科大学の将来に関する記事が，何週間もの間，新聞の第一面を飾った。

しばらくして，大学側からなんの勧誘もしていないのに，個人からの寄付金が押し寄せてきた。その小切手や現金の額は，ほんの数ペニーから，ジョージ・スタインブレナー[41]とニューヨーク・ヤンキース球団からの寄付100万ドルまであった。その数ヶ月の間に，個人からの寄付金は800万ドルに上り，その小切手の受取人欄には，「バージニア工科大学」「バージニア工科大学奨学基金」「バージニア工科大学銃乱射事件」といった記述が適当になされていた。最終的にこれらの資金は，バージニア工科大学のマスコットにちなんで[42]「ホキ・スピリット追悼基金」という名義の銀行口座に入金された。

バージニア工科大学の執行部は，この資金をどのように分配するかを決定しなければならなかった。すなわち，誰が請求適格者で，補償金額がいくらなの

---

[41] George Michael Steinbrenner III (1930-2010). 1973年からニューヨーク・ヤンキースのオーナーに就任。

[42] カレッジ・スポーツの応援のときに「ホキ」と「テック」を繰り返すらしい。オレンジ色のスクールカラーとマスコットの由来については，https://www.vt.edu/about/traditions/hokie.html を参照。

か，そしてその基準は何か，という問題である。

　この悲劇は，物静かで，控えめな印象のバージニア工科大学学長チャールズ・スティガー（59歳）の目の前で起こった。スティガーは典型的な大学教授としての特徴，すなわち，思慮深く，控えめで，言行一致をといった特徴をすべて備えており，平穏で牧歌的なブラックスバーグの町によく似合っていた。大学予算，教員の終身地位保証，スター・クォタバックであるマイケル・ヴィック選手[43]卒業後のフットボール・チームの将来といった問題には精通していたが，銃乱射事件が起こったとき，彼は，どうすればいいのか分からない状態であった。銃乱射の第一報からはじまった日々のニュースの嵐に対して，彼や同僚の大学責任者のために準備してくれる人など，めったにいそうもなかったからである。はじめに，州内外から押し寄せたマスコミのトラックやリポーターに，ブラックスバーグの町が占領されてしまったため，彼は，キャンパスで起こる様々な出来事に対応しなければならなかった。そして，マスコミによる注目の第一波が引いた後は，一歩下がって，関心を持ち，共感した一般市民から寄せられた，数百万ドルにのぼる善意の寄付金を分配するための適切な手立てを決めなければならなかった。

　バージニア工科大学自体には，補償請求手続きの業務を担当する能力はなかったようだ。大学執行部には，請求適格者と補償金額を判断できるだけの経験も，必要な専門知識もなかったからである。彼らには支援の手が必要だった。

　銃乱射事件から2週間後，バージニア州賃金補償審査委員会のメアリー・ウェア[44]から電話を受けたとき，私はワシントンDCの事務所にいた。彼女は直

---

43) Michael Dwayne Vick (1980-). 高校時代から全米No.1クォーターバックの呼び声が高く，バージニア工科大学入学後も活躍し，最優秀選手にも選ばれている。大学2年次に，ドラフト1位で，アトランタ・ファルコンズに指名された。2007年に闘犬賭博への関与で起訴され，NFLでは無期限出場停止処分になった。2009年に出場停止処分が解け，フィラデルフィア・イーグルスに所属，その後チームを転々として，2014年シーズンはピッツバーグ・スティーラーズに所属。

44) Mary Vail Ware は，バージニア州賃金補償審査委員会（Workers Compensation Commission）に設けられた，犯罪被害者救済基金（Criminal Injuries Compensation

ちに要点に入り，スティガー学長と大学執行部は，銃乱射事件の犠牲者に対して，どのように補償手続きを進めるかについて，まったくアイデアがない旨を告げていた。しかし，彼らは，9.11 犠牲者補償基金を設計し，管理していた私の仕事の進捗具合を注視していたようだ。おそらく，私の以前の仕事の経験が，バージニア工科大学銃乱射事件の犠牲者とその遺族に対する補償金支払いプログラムを設立するのに役立つ，と思ったのだろう。「一度キャンパスを訪ねてみる価値はあると思う。ブラックスバーグに来て，スティガー学長および彼の執行部と会い，何ができるかについて，話し合ってもらえないだろうか。学長は，ワシントン DC から離れている大学キャンパスまで搬送するために，大学所有の飛行機を迎えに出すと言っている」云々。

　私はただちにバージニア工科大学に出張することを承諾した。数日後，私は，その後 6 回も訪れることになるバージニア工科大学のキャンパスに，初めて到着した。そこでは，6 万人収容のフットボール・スタジアムが中心にそびえ立っており，周囲の景観を圧倒していた。ブラックスバーグは，静かで素朴な，町というより村といったほうがよく，交通量は少なかった。際だった静けさと不気味さを感じて，私はなぜここにいるのだろう，と思った。後ろの風景は，ここで惨劇があったことを隠しているようだ。このような牧歌的な風景のなかで——偶発的で予想もしない生と死の狭間を痛感すると——，なぜ，どのようにして，1 人の学生が，そのような凶暴な行動に出て，大量殺人に及んだのかを推測するのは困難だった。

　大学管理棟の静まった会議室で，私は学長およびその執行部と会った。バージニア工科大学は，端的にいって，個人や事業者から受け取った多額の寄付金をどのように扱ってよいのかを知らなかった。大学は，犠牲者とその遺族の間で，基金をどのように配分すべきなのか。学長からの感謝の意を添えて，資金提供者にその資金を返還すべきだという考えもありうる。かりに大学がその資金を受け容れるならば，大学，犠牲者そして資金提供者に対する免税措置はど

Fund）の担当部長（Director）の地位にある。*See*, http://www.workerscompensation.com/virginia/quickfacts/qfacts01.php (last visited November 11, 2015)

うなるのだろうか。

　補償金支払いが示唆するところはさまざまであるが，慎重に考慮すべきものであるとともに，対応が厄介なものでもある。

　スティガー学長が考えていたのは，死亡した学生と教員の名前を冠した奨学金の基金として，寄付金を利用すべきだというものである。彼にとって，それが資金の利用としてもっとも適切なものに思われたようである。「ケン，バージニア工科大学は大学という教育機関だ。奨学金というのは，資金提供者と，教育機関の使命および存在理由とを結びつけるものだろう。悲劇の結果生まれたにしては，なにかしら前向きで，後に残るものとなりうるのだ」。

　法務担当役員のケイ・ハイドブレダーは，そのとき，彼女の意見をこう述べた。「死亡した学生のほとんどは，全日制に通う者でした。5人の教員も死亡しましたが，彼らは専任として給与を得ていた者でもあります。死亡した教員の遺族は，死亡した学生の遺族よりも多くの補償金を受け取るべきなのでしょうか。この問題は，あなたが9.11犠牲者補償基金で直面したものでもある。財産的損害は，奨学金を得ている学生よりも，大学専任教員に対する補償金のほうに，より大きく反映することになるのでしょうか」。不法行為制度と9.11犠牲者補償基金の両方に精通しているハイドブレダーにとって，バージニア工科大学が設定する補償金支払いプログラムを形成するには，不法行為法がもっとも適切な指標になりうると考えたのであろう。

　他の大学執行部メンバーが入室してきた。着座したメンバーの多くは，死亡した犠牲者や傷害を負った被害者が受領した金銭の使途を限定すべき，という意見であった。スティガー学長側に席を占めた者の1人は，「犠牲者の遺族が，彼らの子弟の命と引き替えに金銭を受け取り，そのお金でディズニーランドへ遊びに行くために，この補償金を大学が支払うことはできないからでしょう」と述べた。

　また，身体的な傷害は負ったものの，命はとりとめたという学生についてはどうか。彼らにも補償金は支払われるべきか。学生のなかには，銃乱射の恐怖から逃れるために，2階の窓から飛び降りて，腕や足を骨折した者もいる。ま

た，他の学生のなかには，銃弾が当たって，重篤な傷害を負ったが，命に別状がなかった者もいる。補償金支払いプログラムは，このように傷害を負った者の間を，どのように区別するのだろうか。

教室に残っていた学生のなかには，最初の殺戮を目撃してしまったが，ほんのわずかの幸運により，生き残ってそのエピソードを語ることができた者もいる。彼らは今や心的外傷後ストレス障害（PTSD）その他の異常な精神状態に見舞われている。これらの者にも金銭が支払われるべきなのだろうか。そうであれば，学生寮から銃乱射事件を眺めていた，あるいは大学生協のテレビを見ていた他の学生数百人はどうなるのか。彼らにも，補償金の請求適格が認められるのであろうか。

最初の訪問，そしてその後の数週間にブラックスバーグで開かれた数度の打ち合わせにおいて，スティガー学長と彼の同僚に対して，犠牲者補償に関して考える材料を提供しながら，これらの複雑で悩ましい問題のすべてに答えることとなった。スティガーとハイドブレダーは，できるかぎり現場で陣頭指揮をとろうとしていた。彼らは，打ち合わせの間，会議室でじっとしているということはめったになく，私が補償金支払いプログラムのいくつかのやり方を示していると，熱心に聞きいっては，メモを取っていた。彼らは，すべての方面から—たとえば迅速な補償金支払いを求める犠牲者やその遺族，法的責任を心配している大学関係者，大学が個人から受け取った寄付金を，犠牲者への補償金支払いに宛てる方法について疑念を抱いている大学法務担当者，集まった寄付金が犠牲者に支払われるのか，支払われるとしたら何時になるかを知りたがっているマスコミ，など—圧力を受けているのは明らかだった。私は，スティガーとハイドブレダーの態度に感銘した。彼らは，ただ一つの目標，すなわち，利用できる金額に限界のある資金を正しいことに使う，ということに駆り立てられているようにみえた。

1ヶ月も経たないうちに，徐々にではあるが，会議室での議論を，合意に達するようにまとめることができるようになった。多くの案を検討した後，スティガーとハイドブレダーに率いられたチームは，困難な問題に対する解答を得

ることができた。バージニア工科大学は，そのアプローチにおいて一体となることができたのである。

9.11犠牲者補償基金と異なり，ホキ・スピリット追悼基金には，十分な資金がなかった。多くの人にとって，800万ドルは巨額に見える。しかし，犠牲者の32遺族に支払うと，同様に，銃乱射によって身体的に傷害を負った人やその事件を目撃した後に精神的な疾患を発症した人の多くに支払うと，基金が急激に減少し，また個々の被害者に支払う金額を減らすことになってしまう。

この問題は，財産的損害が補償額算定の前提条件となる場合，とりわけ深刻なものとなる。かりに不法行為原則を適用することになれば，個々の金額は急激に膨らんでしまう。それは誤っている。資金量に限界がある基金でも，一定の期間維持されることが求められているのである。

私が示唆したのは，犠牲者の遺族については，犠牲者が学生であるか専任教員であるかを問わず，すべての命は平等に扱われなければならない，ということであった。9.11犠牲者補償基金においては，法律上要求された損害算定基準に従って，犠牲者個人それぞれに異なった金額の補償金を支払ったのであるが，バージニア工科大学はこの方法を真似てはならない，とも述べた。バージニア工科大学はまた，その専任教員に対しても，同大学の学位を求めた全日制の学生に対しても，同額の補償金を配分すべきなのである。大学当局者に述べたように，「資金量に限界のある基金から，誰がいくら受け取るのが妥当かについて，32の犠牲者遺族間に対立を煽るようなことは不要である。9.11犠牲者補償基金の事例では，消防士の未亡人は，銀行家や株式仲買人の未亡人よりも少ない金額の補償金を受け取らなければならない理由を理解することはなかった。ホキ・スピリット追悼基金では，一つの基準をすべての事例に適用する，との原則によって，この問題を回避することができるのだ」。

また，支払われた補償金の使途について，大学側が請求適格者に何らかの条件を設けることもすべきではない。遺族が，犠牲となった子弟を追悼するために，ディズニーランドを訪問したいといっても，バージニア工科大学がそれを止める必要があるのだろうか。かりに観光旅行は受け容れがたいとしても，新

車を購入するのはどうだろうか。あるいは，犠牲者の弟が結婚するための費用に使用したとしたらどうだろうか。誰が，そのような判断を下すことになるのだろうか。遺族に補償金を支払うのは，事実上，「贈与」なのである。それは，権利放棄を前提とするものであってはならず，また，いかなる条件を付するにせよ，事後的に訴えを提起する権利を妨げてはならない。したがって，ここでは，9.11犠牲者補償基金を先例とすることはできない。補償金の支払いを受けた遺族は，それで再起を図ることもできるし，望めば，弁護士を雇って，バージニア工科大学を訴えることもできる。大学当局ができることは，大学側が勧誘もしていないのに，個人が善意で寄付した資金を，請求適格者に配分することだけである。遺族が大学を訴えることを望めば，そうすべきなのである。

　スティガー学長は当初，この点については，やや反対の立場だった。それは，立派な大学というものが，観光旅行に行く，あるいは大学を訴える可能性のある遺族に対し，限りある基金から資金を分配すべであろうか，と疑念を呈していたからである。しかし，支払われた補償金の使途について制限を設けない，という考えに，徐々に共鳴するようになった。悲しみに暮れる遺族が感情に任せて決めたことを，後からとやかくいう必要があるだろうか。私が再三主張したのは，バージニア工科大学は，補償金の使途について不干渉の態度を貫くべきだ，ということである。「受け取る資金をどうするかに関する遺族の判断に，異議を申し立てるような業務を作るべきではない。そんなことをしたら，悲嘆に暮れて，感情的になっている遺族の，ありもしない判断に際限なくつきあわされることになってしまうだろう。そういったことのすべてから，大学当局者は，可能な限り距離を置くべきだ。ホキ・スピリット追悼基金からの小切手振出権限を確認したら，後は黙って放っておけばいい」。

　ハイドブレダーは，1点だけ，留保すべきことを提案した。すなわち，大学が受け取った個人の寄付のうち，「バージニア工科大学奨学基金」を指定してなされたものがある，と指摘したのである。そのような場合は，寄付者の意思にしたがって，奨学金という特定目的のために寄付金を使用すべき，という点で彼女の提案に，私は賛成した。さらに，総額で数十万ドルがこのような指定

寄付金であり，全体の資金配分計画からすれば，それほど影響のないものだろう。

犠牲者の遺族に対する補償金支払いについていえば，それぞれの遺族は等しく20万8,000ドルを受け取ることに，われわれ全員が賛成した。われわれが，すべての命は平等の価値を持つべきであると判断した以上，それを真正面から認めたものである。総額およそ700万ドルの基金のうち，650万ドルが死亡した犠牲者関連の請求のために使用されることとなった。基金の残額については，身体的傷害と精神的疾患を慎重に定義したうえで，取扱いを明確にすることとされた。

大学側は，支払われた補償金の使途について，制限を設けることはしなかった。資金がいったん遺族の手に渡れば，大学からの干渉なしに，その資金を費消することができた。かくして，バージニア工科大学は，9.11犠牲者補償基金立法で議会がとったアプローチを，採用しないことを明確にした。バージニア工科大学の支払いプログラムは，不法行為制度の原則・方法論を無視するかたちとなった。

身体に傷害を負った学生や銃撃事件を目撃して精神的トラウマに陥った学生については，どうなったか。われわれは直ちに，生き残った学生のうち銃撃による傷害や骨折のみの者には，補償金が支払われるべきものと決定した。ただし，大学当局者に対しては，補償申請の処理業務で困難にまきこまれないよう，再度警告することとした。私は，大学の勤務医や看護師が何日もかけて詳細な診療記録を読み込み，身体的傷害の重症度と，非財産的損害に関する請求の優先順位を判断する，などという恐ろしい可能性をならべてみせた。「大学当局には，身体的傷害に関する優先順位を決定する時間もなければ，専門能力もない」と述べ，「一方が他方より重傷であると，医療関係者の主観的な裁量で決めてしまったことに対して，傷害を受けた者が異議を申し立てる，という場面を避けようとは思わないのかね」と尋ねた。

私は，より望ましい方法を提案した。すなわち，銃乱射事件の直後，身体に傷害を受けた学生は，地域の病院に駆け込み，そこで緊急治療を受けたはずで

ある。そのうち，ある者は，治療後すぐに退院したであろう。より重篤な者は，そのまま入院して，数日，数週間，あるいは数ヶ月にわたり，治療を受けていたと思われる。そういった入院加療の事実は，非財産的損害に関する客観的証拠の代わりになる，という考えである。銃乱射の被害者が入院している期間が長ければ，身体的傷害の重篤度が高い可能性があることとなる。外来治療を受けた学生は，銃撃によって傷害を受け，数ヶ月間の入院を余儀なくされた学生よりも，受け取る補償額がかなり少なくなるだろう。入院期間にもとづく，簡易で客観的な判断ができれば，ホキ・スピリット追悼基金からの支出配分の優先順位を付けることが可能となる。

　大学当局者は，このようなアプローチを受け容れ，補償金支払いの段階で，誰の傷害の程度が重いかについて，被害者の間で対立が拡大するのを防ぐことができるものと認識するに至った。手続きの便宜のために，われわれは，バージニア工科大学支援プログラムにおいて，身体的傷害に対して補償する場合に，三つの客観的基準を設けた。その最終的な手順は以下の通りである。

- 身体的傷害を受けた学生であって，少なくとも9泊10日の入院を余儀なくされた者に対しては，現金9万ドルを支給し，さらに「請求者の現在の学位コースにおいて，修了までの期間に必要とされる授業料および費用のすべて」を免除する。
- 身体的傷害を受けた学生であって，3泊から9泊の入院を余儀なくされた者に対しては，現金4万ドルを支給し，同様に，学費・費用を免除する。
- 3泊未満の入院を余儀なくされた学生に対しては，学費・費用の免除，または現金1万ドルの支給のいずれかを選択できるようにする。

　補償申請を担当する者は，病院の診療記録を審査するだけで，特定の被害者がどのカテゴリーに属するかを判断することができよう。これで審査は終了する。診療記録，疾病の性質，痛みの程度，傷害が長期にわたるか，短期ですむか，あるいは他の医療上の指標をこれ以上精査する必要はない。その代わり，

担当者は，一つの点だけに着目すればよい。すなわち，どのくらいの期間，入院していたか，である。この認定により，補償支払い金額が決定されることとなる。

同様に，精神的トラウマと傷害に関する被害者の請求についても，大学当局は，容易に検証可能な，客観的基準を用いる必要があった。私がスティガー学長に想起させたのは，9.11犠牲者補償基金を創設した航空運輸安全及び航空システム安定化法が，明確にこの種の請求を認めなかったため，われわれは先例のない領域に踏み込んでしまったということである。ホキ・スピリット追悼基金から流用できる資金には限りがあるという点に照らし，精神的疾病に関する請求にすべて応ずることに意味があるかどうか，われわれはかなり悩んだ。キャンパス内の学生寮から銃撃を目撃した学生だけでなく，テレビの画面に釘付けになって，その結果精神的な傷害を受けたと主張する何千人あるいは何百万人の人からも，こういった請求がなされる可能性がある。9.11犠牲者救済基金の立法に関わった連邦議会と同様，支払請求処理の担当者に申請がどっと押し寄せ，あっという間に基金を枯渇させる可能性—その蓋然性が高い—を考慮しなければならなかった。

しかし，問題はもっと複雑なものであった。容疑者が教室で銃の乱射を開始したとき，一方で殺された級友がおり，他方で偶然もしくは幸運によって逃げおおせた級友がいたという，まさにその教室に居合わせた学生についてはどうか。当日の記録を審査していた私は，驚くべきエピソードに出くわした。すなわち，他の学生が逃げ出す一方で，容疑者の邪悪な意図ゆえに，ある学生がどのように死んでいったか。容疑者が銃弾を再装填する間に逃げ出した学生が，どのように大量殺戮の嵐から生き残ったか。たとえば，2階の窓から安全な場所に飛び降りた，机の下に隠れた，あるいは死んだふりをしていたのか。これらの学生が，精神的な傷害を理由として請求してくるのは，たしかに正当である。その影響が長期にわたるものか，短期のものかに関わらず，大量殺戮の最初の目撃者となってしまったことによる，精神的な影響を考えただけでもぞっとしたものだ。

どのような補償金支払いプログラムであれ，精神的傷害にもとづく請求は，とりわけ厄介な問題を提起する。ある請求には適格性が認められ，他の請求には認められない，といった区別をする作業には，多くの困難を伴う。精神的傷害にもとづく請求の適格性を客観的に証明するのは，ほとんど不可能に近い。この証明の問題を超えて，さらに，潜在的に多数の請求によって，限りある基金がすぐに枯渇してしまうという，厳しい現実がある。唯一の解決は，このような精神的傷害にもとづく請求の適格性を，慎重に制限することである。
　最初に大量殺人を目撃することになった学生に対して，その請求が正当なものとして補償金の支払いを認める一方で，他の学生の請求は認めない場合の判断基準を設定するために，われわれは，物理的近接テストを用いることとした。すなわち，全国でテレビを視聴した人から，精神的な傷害が生じたとの理由で，大量の請求申請がなされることを避けようとしたのである。申請手続きマニュアル最終版では，次のように区別されている。

　「精神的傷害にもとづく請求ができる者とは，銃乱射事件が起こった2007年4月16日に，ノリス・ホール204号教室，206号教室，207号教室および211号教室に実際に居合わせていたすべての個人であって，上述の分類のいずれにも当てはまらない者をいう。これらの請求者のいずれも，その者が在籍しているバージニア工科大学の学修プログラム（すなわち，2007年4月20日時点で履修登録している学士号もしくは修士号・博士号課程）における学費および必要経費について，当該請求者がその学位取得に向けて良好な成績を示す学生であって，その学修を継続する場合にかぎり，その学費および必要経費に関する請求を行うことができる（ただし，学費・必要経費相当分を現金支払いに変更することはできないものとする）。当該請求者は，その学費・必要経費に関する請求をする代わりに，現金1万ドルの支払いを受けることを選択することができる」。

　われわれは，さらに，請求適格の有無を判断するためのガイドラインを策定

しなければならなかった。精神科医や心理学専門家による医学的所見に頼るわけにはいかなかった。医療専門家は，われわれが抱えるジレンマを克服できないし，かえって，迅速な金銭支払いの遅延を生じさせてしまうからである。われわれは，数百頁にのぼる医療関係書類や専門的所見のなかに割りこんでいくことはできないのである。その代わり，われわれは，直感的に判断できる，重要な指標を設定することができた。すなわち，大量殺戮現場に近いところに居合わせた学生（教室や銃弾が飛び交う場所から，幸運が重なって死を免れた者）は，その殺戮現場に距離が近ければ近いほど，精神的な傷害を負った可能性がきわめて高い，と考えることができる。まさしく「おおざっぱな正義」である。しかし，複雑かつ異論のある問題に対する，唯一の現実的解決でもある。

　補償金支払いプログラムの最終案が決定されると，スティガー学長は，私がホキ・スピリット追悼基金の管理者となるよう依頼した。彼は，資金の分配については，相対的に容易なものだと考えていたらしい。「ケン，これは9.11犠牲者補償基金とは違う。ささやかな額の金銭を，限られた数の人に分配するだけだ。あなたが多くの時間を取られることはないだろう」。

　私はその任務を引き受けることとし，基金に限りがあることから，これを公益弁護活動として行うこととした。9.11犠牲者補償基金の任務でそうであったように，大量殺人の犯人はすでに死亡しており，コミュニティ全体が悲しみに沈んでいるときに，私の提供する法的サービスに対する対価を請求するのは適切でないと考えたからである。銃乱射事件から，私が利益を得ているなどと思われたくなかったのである。それでも，私がスティガー学長に警告したのは，基金を管理するのは，たとえ補償金支払いが限られた請求適格者に対する贈与とみなされる場合であっても，彼が予想したよりも時間がかかるだろう，ということである。「異議申立の可能性を過小評価しないように。犠牲者の遺族は，疑い深く，感情的になりがちで，多くの場合，怒りと不満を表すだろう。彼らは，この基金を，バージニア工科大学が彼らの怒りをお金で宥め，訴訟を『買い取る』目的の『口止め料』とみなすだろう」。

こういった関心に対処するために，面談を希望する遺族や被害者と会うことを決断した。9.11犠牲者補償基金を運営する際に，このような非公開の私的な聴聞がうまく機能し，すべての請求者にこのような機会を提供することは，この基金への参加を促すうえで，大きな効果をもたらす。

このように私的で個別的な面談の予定をたて，バージニア工科大学のキャンパス内のほか，遺族のうち数家族が住むニュージャージー州トレントンでも面談を行った。この聴聞手続きは義務的なものではなく，請求適格者の半分に欠けるくらいの人間がこの聴聞の機会を利用することができた（その割合は，9.11犠牲者補償基金における聴聞の割合とほぼ同じである）。それぞれの聴聞は30分ほどで終了した。予期していたように，請求者のうちには，人生の不公正について不満を言う機会を得たとして，命を落とした，愛する者の記憶を甦らせることができるとして，あるいはまた彼らがノリス・ホールで目撃した惨劇の瞬間瞬間を思い出すとして，この機会を歓迎するものもあった。補償金支払いについては，申請手続きマニュアル最終版において，すでに手順が定められていたので，これは補償金支払いについてのことではなかった。むしろ，理不尽で，予想もできない悲劇によって，その人生の行く末を突然に絶たれたことに真剣に取り組もうとする努力を，しばしば雄弁に語る言葉に表して，人びとのありのままの魂をさらけだす機会を提供するものであった。多くの人は，もっぱら犠牲者の人となりや性格について，あるいは，家族の希望の星を突然失ったことに，遺族がどのように向き合っているかについて，心を注いでいた。どの遺族も，子供や兄弟を突然亡くしたことによる喪失感を強調していた。これらの請求者は，私が室内にいることを認識していないかのように，自分自身に切々と話しかけているように思われた。たとえば，

「私の娘は，バージニア工科大学卒業後，医学部に進学する予定だったのです。娘は，どんなお医者さんになっていたでしょう。あの娘は，人を助けたがっていたんです」。

「私の息子はバージニア工科大学をとても愛していて，フットボールの試合は欠かさず観戦していました。それこそが，バージニア工科大学を選んだ理由だと思っていました。なぜこんなことが起こってしまったのか，理解できません。なぜ，私の息子が。なぜ，今。理解できません，理解できません」。

申請者のうちには，申請手続きマニュアル最終版について，疑問に思うところを示して，請求適格と補償金額の決定方法について質問するものもあった。

「ファインバーグ先生。私の妻は，ノリス・ホールで死亡しましたが，年俸制で給与を得る専任教員でした。あなたの示した基準では，妻がそういった専任教員であることが考慮されていないのはなぜですか。専任教員と，奨学金を受給している学生で，毎週支払小切手を自宅に持ち帰ることができない者との間で，基準を異にすべきでないとお考えですか」。

私は，そのような区別をするには，基金が十分ではないこと，そして，9.11犠牲者補償基金と異なり，いかなる場合であっても，ホキ・スピリット追悼基金には不法行為制度は適用されない，と説明してきた。

申請者は，補償金の支払いを受け，再起した後に，バージニア工科大学に対する訴訟を提起することもできるのである。その場合，裁判所は，不法行為原則との違いの意味を認めることとなろう。しかし，このホキ・スピリット追悼基金では，不法行為原則との関係を云々することは不可能なのだ。

犠牲者の両親のなかには，異なる関心を示す声もあった。

「私の息子は，乱射事件の容疑者に撃たれて，重傷を負いました。そのまま病院に駆け込みました。医者は，入院して治療を受けるように諭しましたが，彼は，学生寮に戻って，友人たちと一緒に過ごしたい旨をはっきり

述べて，これを拒否しました。あなたの示した，身体的傷害を受けた者に対する補償金支払いの基準では，入院日数で決まるとされています。なぜですか。入院を拒否することで示した勇気と不屈の精神ゆえに，補償金の支払いを受けられないというのはおかしいです。彼は，一週間以上入院していたものと扱われて，補償金を支払われるべきではないでしょうか」。

　私から説明したのは，身体的な傷害を受けたことにもとづく補償金支払いの基準は，客観的かつ実効的な方法で適用されなければならない，ということである。勇気や不屈の精神といった主観的な要素は，おそらく補償金支払いの手続きを，絶望的なまでに複雑にするだけで，到底，受け容れがたいものである。思想家，精神科医，神父であれば，勇気といったものを考慮の要素に入れることは可能であろう。しかし，私にはできないことである。
　バージニア工科大学での聴聞から，私はいくつかの重要な教訓を得たが，それは私が過去数年の間に補償金支払いシステムの設計・運営について得たのと同様のものであった。その教訓とは，大惨事の後に，なんらかのかたちで，心の傷を癒やすプロセスを設定するよう試みることである。
　第一に，悲しみに暮れる申請者に対して，非公開の面談方式の聴聞を受ける機会を提供することの意義を，過小に評価してはならない。ベトナム枯葉剤事件，9.11犠牲者補償基金，そしてホキ・スピリット追悼基金の例では，聴聞の過程で，補償申請の内容がしばしば変更となったが，補償金支払いプログラムを設計した責任者と犠牲者について話をしたいという要望や，死亡した者と生き残った者の両方に影響を与えるような人間による，不公正かつ無作為の行為に対して，彼らがいかに悲嘆に暮れているかを表明したいという，申請者たちの要望に比べれば，損害額の算定など，とるにたらないものとなる。おそらく，たんなるメッセージというより，申請者のそのような感情と補償金支払いに折り合いをつけることが，はるかに重要なこととなった。
　しかし，申請の数が多くなってくると，事態は異なってくる。申請者の数が少なければ，個人の事情に合わせて，申請の処理を担当する者との会合を設定

するのは容易である。9.11犠牲者補償基金とホキ・スピリット追悼基金の両方を運営した経験によれば，申請者の数が相対的に穏当な数字であれば，その補償金支払いプログラムにおける中心的な枠組みとして，聴聞の機会に関する権利を認めることができた。これに対し，申請数が増大すると，個々の聴聞は減少し，かつ実際的でもなくなった。聴聞の機会が，全体の運営の支障となるくらいに増加すれば，効率性と迅速性という二つの目標は，必然的に後退させられる。請求適格者と補償金額を決定するために，補償金支払いプログラムを効果的に設計する際，その基金の運営管理者は，可能な限り多くの請求適格者がそのプログラムに参加できるようにすることを望んでいる。しかし，ある基金では，成功裏に終わるために，多額の支払いをしようとし，申請数が増大すると，申請者との個人的かつ対面方式を採用することはできず，親密かつ穏当なプログラムに代わって，非個性的で官僚的な運営がなされることとなる。適度な規模のプログラムでは，申請者は，右から左へ処理されるような司法手続きの傍観者ではない，と信ずることができた。皮肉なことに，その補償金支払いプログラムを認め，参加を希望する申請者の数が増加すれば，少なくとも，公正かつ一貫したやり方で，個人として正当に扱われていると信じている申請者にとって，申請全体の規模がもたらす影響も大きくなる。

　最後に，ホキ・スピリット追悼基金は，訴訟提起権を留保した申請者に対する補償金支払いシステムの効果について，重要な証拠を示している。たとえ弁護士を雇い，バージニア工科大学に対する訴訟を提起するために，すでに補償金を受け取った200人の請求適格者すべてにその補償金を使用する権利があったとしても，そのうちの2人だけが，実際にそのような提訴をすることを選択した（結局は勝訴するだろう）。残りの請求適格者は，基金から受け取った補償金の額を，バージニア工科大学による補償の総額として受け容れた。

　こうする理由はいろいろある。バージニア州法は，バージニア工科大学のような州立大学に対する，不法行為にもとづく損害賠償額の上限を，被害者1人当たり10万ドルと定めているため，裁判所で望外の大金を得ようと考えそうな者の提訴を抑制する効果がある。さらに，バージニア工科大学は，同大学に

過失があって，銃乱射を防ぐことができたはずだとの主張を封ずる，有効な防御手段を用意していたのは疑いない。精神の錯乱した学生が完全武装して，郊外にあるブラックスバーグ・キャンパスで連続殺人を開始する，などということを誰が合理的に予測しえただろうか。もちろん，終局判決が執行されるまでには，口頭弁論とそれにつづく異議申立で，何年もかかってしまうだろう。

　ホキ・スピリット追悼基金自体による心理的効果によれば，バージニア工科大学に対する提訴は，おそらくなされないだろうと，信じるに足る理由があった。この基金は，バージニア工科大学やブラックスバーグに対し，みんなが家族のような共感，慈悲そして思いやりをもっていることを示していたからである。実際に，バージニア工科大学が犠牲者に述べたのは，「気持ちは，みなさんとともにある」ということであった。ブラックスバーグのような地方にある大学において，そのような一体感をもたらすのは，きわめて容易なことではある。ニューヨーク・シティやワシントンDCと違って，大学キャンパスの構成員として，住人はお互いに知っている可能性が高い。彼らはまた，バージニア工科大学の学生や教員だけでなく，バージニア工科大学そのものにも，大切なものという忠誠心を示している。バージニア工科大学の暗い影は，ブラックスバーグとその市民をも覆ってしまうのである。

　このような一体感が大事だということは，いくら強張しても，強張しすぎることはない。いくつもの聴聞において，悲嘆に暮れる遺族や傷害を負った被害者は，バージニア工科大学という大きな共同体に対する支援と深い尊敬の念を表明していた。申請者の多くは，同基金への感謝の意を示し，前提条件を付けずに補償金の支払いをしてくれたことに対し，私にも謝意を述べてくれた。ほとんどすべての人が，バージニア工科大学は申請者たちを公正に扱い，犠牲者への共感と思いやりを示してくれた，と判断したようだ。同大学は，ささやかではあるが，有用な補償金を，公正かつ衡平に分配することによって，正しいことをするよう努めてきた。それが救いの手をさしのべることとなったのである。

　バージニア工科大学のケースは，将来，同様の補償金支払いプログラムを検

討する政策立案者に対し，重要な意味合いを含んでいる。これまで見てきたように，9.11犠牲者補償基金は，部分的にであれ，不法行為制度と関連づけられていた。9.11の被害者たちは，補償金の支払いを受ける以前に，訴えを提起しないことに同意するよう求められた。そうするには，補償金の額が，たとえば逸失利益に関する不法行為の考え方と関連づけられていることを，明確にしなければならなかった。そしてそれは，個々の死亡者に公正な価値を振り分けるという，およそ不可能な任務を，私に強いることとなったのである。最初の決定により，誤解，恨みや敵意のようなものを生み出してしまった。そのようなダメージを修復するのに何ヶ月もかかってしまった。

　これと対照的に，バージニア工科大学による補償金支払いは，不法行為制度とは無関係の，純粋な贈与，すなわち一般市民の善意の表れとしてなされたものである。このことが意味するのは，それぞれの遺族や被害者に対して支払われた額が同じであって，その支払い手続きを簡素化しただけでなく，より重要なことに，「すべての被造物（人間）は平等である」という，アメリカに深く根付いた価値観に訴えるものでもあった。その結果，提訴権を放棄する旨の正式な要請がなくても，被害者による訴え提起がほとんどなかったことにつながった。

　このことから得られる教訓は，被害者たちに対するコミュニティの対応について，彼らがどのように受け止めるか，請求適格者と補償金額の判断をどのように進めるかが，犠牲者に訴権を放棄させるのに決定的に重要である，ということである。人命の価値を平等に扱うことがまた，コミュニティ全体の心の傷を，迅速に，確実に，そしてより深いところで癒やすことになるのである。

第5章

公的資金による金融機関救済と役員報酬
―― あなたの力を信じる！ ――

　2009年6月頃までは，私の仕事は，たとえば，枯葉剤に被爆したベトナム戦争帰還兵，9.11同時多発テロに巻き込まれた無辜の人々，バージニア工科大学の退学学生によって射殺された学生や教員等，大惨事の犠牲者に対する補償額の算定に関わるものであった。嘆き，不満や怒りを特徴とする，感情に支配された状況において，私の役割は，命そのものの値段を決めることであり，自らが悪いわけでもないのに，損失や身体の傷害を被った人たちの苦痛を和らげる方法を見つけることであった。どの犠牲者にいくらの金額を表示することを求められるという，不思議で非現実的な世界に没頭していたのだった。

　しかしながら，私の仕事は，ユニークではあったが，少なくともなんらかの関わりで，現行法制度に結びつけられたものであった。この現行法制度のもとでは，全国の裁判所は，毎日のように，裁判官や陪審員が責任の所在を判断し，不法行為法原則と損害賠償概念にもとづいて，損失を認められた無辜の犠牲者に対する賠償額を算定していた。しかしながら，2008年金融危機のショックの後に，私のこれまでのキャリアの軌跡を大きく変えることが待っていた。

　当時のティモシー・ガイトナー財務長官から，過去に例を見ない，新たな公的任務を依頼されたのだ。今度は，ウォール・ストリートのビジネス・エリートのうち，特定の者のために，彼らの報酬パッケージを決める，というものである。私の役割は，企業が支払う報酬に関わるすべての要素と数字を分析して，最高経営責任者（以下「CEO」という）や最高財務責任者（以下「CFO」

という）が得られるはずのものを「明確な数字にして」算定する，というものになるはずだった。誰にいくら払うのかというおなじみの問題について，今度は，まったく新しい，そして意見が割れるようなタイプの仕事になるだろうと思った。

　私のこの新しい仕事を正当とする理由は，直接的には，議会からの授権にもとづくものである。破綻の危機にあるアメリカ企業，それもシティグループ，バンク・オブ・アメリカ，そして巨大保険会社のAIGといった超優良企業を救済するために税金を投入することを余儀なくされて，議会は座視することはできず，ウォール・ストリートとの一方的な交渉を受け入れるわけにはいかなかった。議会の気前よさに見合う金額があるはずだ。しかし，有権者は，何百万ドルも稼いでいる経営トップが率いる私企業を救済するために，公的資金を用いるという議会の考えに，あきれてしまうだろう。失業率の増大，経済的困窮の拡大，金融の先行きが不確かなときには，とりわけ，政治的対立が先鋭化するものである。金融機関の救済に関する政治的な状況は，それらの金融機関に対して，なんらかのペナルティを課すことを求めていた。2008年緊急経済安定化法（The Emergency Economic Stabilization Act of 2008）のもとで不良資産救済プログラム（Troubled Assets Relief Program. 以下，「TARP」という）が設けられたが，同法は，「金融市場の安定化を推進するために」公的資金を利用する権限を，財務長官に与えた[45]。この法律に従って，財務省は，ブッシュ・オバマ政権にまたがって，何兆ドルにも相当する株式を購入することによってアメリカ企業社会を支えることとなった。このような資産購入は，政府が一定時期に弁済を得られることを望む，融資の形式で行われたものであるが，第一段階のものだった。結果的に，アメリカの納税者は，財務的困難に陥った大企業の持分の過半を有することになった。

　同じ時期に議会は，2009年米国再生・再投資法（American Recovery and

45）　緊急経済安定化法は，7,000億ドルの支出権限（公的資金枠）を財務省に付与する不良資産救済プログラムを創設した。不動産関連の証券化商品の買取が主な目的であったが，実際には，買取価格の算定が難しかったようだ。

Reinvestment Act of 2009，以下「ARRA」という）を可決した[46]。同法は，TARP の金融支援をもっとも多く受けていた企業（AIG，バンク・オブ・アメリカ，シティグループ，クライスラー，クライスラー・フィナンシャル，ゼネラル・モータース，GMAC）に対し，個々の役員報酬について，あらたな規制と条件を課すものであった。同法がこの 7 社に適用されたとき（この 7 社に限るものであった），財務省は広範な権限をもつこととなった。すなわち，これら 7 社の上位 25 人の役職者の各人に対する報酬パッケージを決めるというものである。CEO，CFO，上級副社長，ウォール・ストリートのトレーダーたちは，政府が直接決めた報酬を受け取ることになるのである。さらに，財務省は，これら上位役職者に次ぐ役職者 75 人に対して，各社が支払う報酬について適用される諸原則・諸規則を定めるものとされた。財務省はまた，各企業から提示された報酬枠組みについて拒否権を持つものとされた。

　メインストリート（産業界）がウォール・ストリートを救うことが必要であれば，そこには支払われるべき金額というものがあるはずである。議会の指導者たちとオバマ政権は，ニュースの見出しに，金融界の大金持ちが，税金と一般市民に援助されている企業から，どんなふうにとんでもない金額の報酬を得ているか描かれるところを見たくはなかった。

　このユニークな法律は，財務省が企業役員の報酬を決める仕事に直接取り組むものとしたのである。企業ではなく，財務省が，私企業の役員報酬の適切さについても決定することになったのである。

　ARRA が明確にしたのは，個々の企業が公的資金を返済しないかぎりは，役員報酬規制が継続して適用される，ということである。法律が，明文上禁止しているのは，企業の上級役員が市場で不必要かつ過大なリスクを取るということであり，ボーナスその他のインセンティブ報酬は，当該企業が公的資金の返済義務を負っている限り，議決権のない，もしくは償還条件のない，長期保有

---

46) オバマ大統領就任直後，経済金融危機後の景気低迷を打開すべく，この法律を成立させ，4,990 億ドルの歳出措置と 2,880 億ドルの減税措置からなる経済対策を実施した。

の種類株(自社株)のかたちで支給されるべきものとされた。財務省はまた,過去にインセンティブ報酬を支払った企業に対し,その取り戻し,すなわち「回収」を求めることができるものとされた。「ゴールデン・パラシュート」——企業を退職する役員に対して過大な解職手当を支払うこと——は禁止された。この法律は財務省に対し,同法の実施細目を定める追加的な諸規則を定めるよう求めていた。これらのルールを定めることには,いくつかの強い要因がある。一つは,税金の健全な使用に対する,伝統的な「信頼できる政府」という関心である。TARPの公的資金が,金融機関の役員個人に支払われる何百万ドルもの報酬を補填するために使用されるのは,とりわけ多くのアメリカ国民が経済的な困窮の状態にあるときには,適切でないと感じられるだろう。議会メンバー,上院議員や大統領でさえ,そのような支払小切手を手にしたくないだろう——公的資金に依存する何者であっても,そのような方法で報酬を受け取るべきだというのだろうか。

第二の要因は,企業経営者が取った過大なリスクに対価を与えるのは好ましくない,というものである。利益を加速し,それによって自分のボーナスを増やそうと熱心な経営者が,過度に危険な賭にでた結果として,グローバルな金融システムがほとんど崩壊するに至ったことを考えると,多くの専門家は,金融業の意思決定を支配するインセンティブ体系を改革することから始めるのが重要であると考えていた。銀行その他,TARPによって救済される企業が支払う役員報酬は,そのための第一歩となるのは当然だと思われた。

第三の要因——おそらくもっとも広い範囲で,漠然とだが,それでも潜在的にはもっとも影響力のあるもの——は,金融業界の悪事に対する有権者の怒りであり,ウォール・ストリートの「大金持ちたち」は,自分たちがしでかした悪事の後始末を支払うべきだ,というポピュリストの要求である。

アメリカの歴史は時代を映し,メインストリートとウォール・ストリートとの対立が進行する様子を描いてきた。たとえば,ハミルトン・ジェファーソン論争[47],国法銀行に対する19世紀のジャクソニアン的政治闘争[48],金ピカ時代と進歩主義時代[49]ルーズベルト大統領のニューディール政策に対する政治

的軋轢[50]，などである。しかし，議会は，こういった過去の事例より一段と深く踏み込んだ。企業が支払う報酬の額が過大であり，それに無頓着なウォール・ストリートの経営者たちが犯人であるとして，議会はその報酬決定に直接介入し，金融危機に責任を負うべき者に企業が支払う報酬の額を，政府が決めるよう求めたのだ。

　もっとも，誰かが，この報酬の決定をしなければならない。新法は，この任務を財務長官に委ねた。議会は，ティモシー・ガイトナー長官にそのような時間はないし，私企業の報酬支払いを規制することほど賛否が分かれ，問題の多い課題に重点を置くような，政治姿勢をとることは難しい，ということを知悉していた。そのことは置くとしても，財務省―自由市場システム，そして資本主義そのものの象徴にして砦でもある―は，誰がいくら受け取るべきか，といった企業の役員報酬の決定について細々と監督する業務を担当するわけにはいかなかった。

　オバマ大統領が，緊急経済安定化法に署名して同法が発効した2〜3週間の後，財務省ナンバーツーのニール・ウォーリン財務副長官[51]からの電話を受けた。47歳のウォーリンは，イェール大学法科大学院卒業，ハートフォード・

---

47) アレクサンダー・ハミルトンが連邦権限を強化して中央銀行制度を導入しようとしたのに対し，農業経済を信奉するジェファーソンが激しく反対したことをいう。
48) 中央銀行的な役割を期待された第二国立銀行に対し，州の独自財政の権限を奪うとして，ジャクソン大統領がその特許更新に拒否権を発動した。
49) 南北戦争終結後，アメリカ資本主義が急速に発展するとともに，拝金主義に染まった成金趣味の時代を「金ぴか時代」と呼んだ。この時代，政治の腐敗も進み，その無駄，非効率，不平等が問題となったため，普通選挙や女性の参政権などの進歩的な政策によって社会変革を実現しようとした。ジャクソン大統領は，白人男子普通選挙制度を実施し，後にジャクソニアン・デモクラシーと呼ばれることもある。
50) ルーズベルト大統領が，大恐慌の後のデフレ経済から脱却するために積極財政を採用する一方，TVAなどの公共事業をさかんに行ったため，政府債務が急激に拡大した。ニューディール政策は，あまりに革新的すぎて，連邦最高裁から次々と違憲判決がくだされている。
51) Neil S. Wolin．2009年5月から2013年8月まで，オバマ政権において，財務副長官を務めた。

ファイナンシャルグループの保険部門長を経て，ホワイトハウスの次席法務顧問を務めたという輝かしいキャリアの持ち主であり，優れた資質と政治的洞察力・創造力を兼ね備えた，信頼できる官僚である。数年間，私とウォーリンは一緒に仕事をしたことがあり，全国規模のアスベスト訴訟によって危殆に瀕した裁判所の問題を解決しようと，虚しい努力をしたことがある。

ウォーリンは，ただちに問題を指摘した。「ケン，企業が役員に支払う報酬額を財務長官が決めるよう要求する新法の文言を読みましたか。われわれは，この法律を執行するための財務省規則を作成しなければなりません。なにかアイデアはありますか。ご助力いただけますか」。そして，きわめつけは，「この仕事を引き受けることに関心はありますか」というものであった。財務省自身は，役員報酬の決定といった日常業務から，可能な限り距離を置くことを必要とした。私にできるのだろうか。

オバマ政権に手を貸し，新たな公的任務を引き受けることを幸甚として，私はウォーリンに承諾の意を伝えた。ウォーリンの意見は，財務長官が新法にもとづいて，財務省官僚機構の一員ではない公職者にその権限を委譲することが，政治的に筋の通ったものである，というものであり，私は彼の意見を支持した。私が示唆したのは，財務省規則にしたがって，特別管理人を指名することである。この新しい役職者——ガイトナー長官ではない——が，新しい補償金支払いプログラムを設計し，実行することになる。政治的な非難は，この特別管理人に集中するだろう。

ウォーリンは，よく準備されたシナリオに従おうとしている。すでに，私に連絡する前に心に抱いていた計画の全体を実行しようとした。私が関心を示したからには，彼は，最初に，財務省の長官や他のスタッフおよびホワイトハウスの人間と，そのアイデアを正式に進めるための行動を，ただちに開始することとした。私のことは隠して，特別管理人となる希望も能力もある特定の人間がいることから，彼は自身のアイデアを実行に移すのに必要な武器を得た，と考えた。彼が心配したのは，どのような指名であっても，共和党右派——企業が支払う役員報酬の額を決めるなどという，大きな政府の役割を否定する——か

ら，民主党左派—報酬決定がウォール・ストリートに対するポピュリスト的怒りを適切に反映させていない場合には噛みつく—まで，政治的な対立を招くことになる，ということである。

それは，双方に不利な状態にほかならない。「でも，あなたはそういった対立を楽しんでいますね」とウォーリンは観察していた。「あなたは，最近の沸騰した論調を気にすることはありません」。

数日後，ウォーリンは，再度，電話で，彼の計画を進めることとし，ガイトナー長官との面談を設定することを伝えてきた。ワシントン・モールを見渡すことのできる財務長官室—印象的で，絨毯が敷き詰められていた—で，私は，ガイトナー長官，ウォーリン副長官，ジーン・スパーリング財務省顧問[52]および上級スタッフと面談した。長官は，そのような法律の解釈について驚きながら，私が任務について考慮する意思があることに謝意を表した。彼は完全にビジネスライクだった。私は，彼が緊急経済安定化法に精通していることに感銘を受けた。この法律の文言についても，また，財務省と長官個人に利益相反を生ずる可能性について，十分に知悉していた。彼はただちに，企業が支払う役員報酬の決定における財務省の役割について，慎重な姿勢を示した。

しかし，われわれの協議はすぐに理論的なものから実務的なものに展開していった。彼が私に想起させたのは，納税者の資金が7企業に対する何十億ドルという融資に使われ，この不安定な金融環境では，その資金が依然としてリスクにさらされているということである。彼の関心は，これら企業役員の報酬に向けられた産業界からの怒りが，すでにこれらの企業がおかしくした金融システムの安定性を，一層の危機にさらすのではないか，ということであった。アメリカの金融システムの安全性と安定性に責任を負っている財務長官は，傷ついた経済をさらに脆弱にするおそれのある，不愉快な報酬支払い政策を大急ぎで実施することに関心を向けていなかった。

財務長官が明確にしたのは，TARP役員報酬プログラムの特別管理人が目標

---

52) Eugene B. Sperling. 財務省顧問は2009-2011年。2011-2014年は，オバマ大統領の指名により，国家経済会議議長。

とする第一は，上級役員に対する報酬支払いを決定することであり，それによって，指定された企業がTARPにもとづく融資を可及的速やかに返済できる可能性を最大にすることにある，ということである。納税者からすれば，完済されることが当然であった。これが最優先課題であって，企業役員たちの報酬を最低額まで削減することによって「罰する」ことでもなければ，産業界をウォール・ストリートと争わせるために，議会の批判を増大させることでもなかった。

スパーリングの意見は，政治的な側面についてである。彼は，この法律を，議会による有害な試みであって，企業の役員報酬支払いを決定するという複雑なものに，政治を注入するようなものだ，とみなしていた。彼が注意を促したのは，私が対立する政治的圧力の板挟みになりそうだ，ということである。すなわち，共和党議員はこの法律について考え直す可能性があり，民主党議員は，財務省に対し，役員報酬をぎりぎりまで削減するよう要求するだろう，ということである。私は彼の意見に賛成した。しかし，そういった問題は，法律が財務長官に委任したこと以外のところで生じた，政治的混乱だと受け止めるしかない。

ガイトナーが，注意深く，熟慮を重ねて，慎重に行動する人という印象を与えるとすれば，スパーリングは，あらゆる政治的な波及効果を考慮したうえで，周囲を激しく巻き込むタイプである。この2人がそろっていることから，私は，これから起こることの予告編を得たと思った。

たとえば，過大な報酬支払いを制限することによって，この法律の目的を達成する（そして，議会からの批判に応える）ことができるのであれば何であれ，奨励されるであろう。法と政治という視点から，このようなことが要請されるだろう。しかし，納税者に対して返済の義務を負っている七つの企業を，返済不能に追い込んでしまうほどのリスクを与えてはならないのである。この根本的な点について，ガイトナー長官は，はっきりと理解していた。

ウォーリンの計画はうまく機能することとなった。財務長官から，特別管理人への就任を依頼され，私は同意したが，ふたたび，財務省職員としての給料

を得ることなしで，働くこととなった。私が，相反するように見えるこれらの目的を実行しようとすることに対して，財務長官は全面的にサポートすると約束してくれた。しかし，私は，この法律と財務省規則によって，財務省から独立し，その介入を受けない立場にいることとなろう。TARP 役員報酬プログラム特別管理人室は，厳密には，金融安定化局（トップはメリル・リンチ前 CEO のハーブ・アリソン[53]）に置かれたが，実際には，ニール・ウォーリン―計画全体の仕掛け人―と会って，これから生じる可能性のある，財務省内の政策上の対立の解決について話し合った。財務長官については，特別管理人としての 16 ヶ月の任期中に，わずか 2，3 度会うことになっただけである。

私が現在直面している課題は，財務省ビル地下の特別管理人室に所属すべき，法律家，役員報酬に関する専門家，これらの業務を支援する人材といった第一線級のチームを揃えることであった。しかし，これは容易なことであった。というのも，私自身の法律事務所から，忠誠心にあふれる同僚―過去何十年にもわたって，私の実務に協力してくれた―カミーユ・ビロス[54]とジャクリーン・ジン[55]を当てにすることができると分かっていたからである。両氏とも，私が 9.11 犠牲者補償基金の特別管理人を務めていたとき，私の補佐をしてくれた。さらに，財務省の上級職員が有能で，新しいプログラムの実施を支援することに熱心であることを知り，私はこれに乗ずることとした。

12 人の財務省スタッフが，私の職場に移動してきた。TARP 対象企業はす

---

53) Herbert M. Allison. 2009-2010 年，金融安定化局担当財務次官補。2013 年死去。
54) Camille S. Biros. ファインバーグ・ローゼン事務所では業務担当マネージャー。GM 車の点火装置の欠陥が明らかになったため，GM 社が補償請求解決基金を設立し，ファインバーグ弁護士がその特別管理人に選任されたが，ビロ氏はその副管理人に就任している（2014-2015 年）。
55) Jacqueline E. Zins. ファインバーグ・ローゼン事務所で 20 年，弁護士業務をしていた。9.11 犠牲者補償基金，バージニア・テック・ホキ追悼基金，TARP 役員報酬補償基金，メキシコ湾岸地域補償基金などで，ファインバーグ弁護士を補佐する副管理人に就任している。現在，ジョージタウン大学法科大学院で特任教授を務めている。

ぐに，手強いチームを相手にすることを知った。すなわち，威張り散らしたり，詭弁を弄したりしても，やり込められる相手ではないことを覚ったのである。役員報酬に関する論点は，提出された証明資料と政策決定にもとづき，費用対効果の観点から判断されることとなる。財務省チームは，この難しい任務を十分乗り越えられるだろう。

　企業からの役員報酬支払いについて判断するという実質的な任務を支援するだけでなく，「ファインバーグと財務省はウォール・ストリートの企業文化と，役員報酬が競争環境に与える影響を理解できないだけだ」という，必ず起こるはずの批判をそらすために，私はさらに，役員報酬に関する専門家数人を採用することにした。ウォール・ストリートで実際に働いた経験のあるコンサルタントを雇い入れる以上に，批判の嵐を乗り切るのに良い方法があるだろうか。

　しかしすぐに，信頼できて，真に独立した役員報酬助言コンサルタントを見つけることができない，ということが分かった。役員報酬の助言を専門とする大手コンサルタント会社はすべて，同じ問題を抱えていた。すなわち，彼らは，私が特別管理人としての権限にもとづいて役員報酬を決定しようとする，まさにそのタイプの企業と役員を代理しているので，実際に，あるいは潜在的に利益相反のおそれがあった。私は，TARPにもとづく任務を開始する前から，貴重な教訓を得ている。役員報酬の支払いを決定する際，アメリカ企業とそのお気に入りの「独立」報酬コンサルタントはすでに親密な関係にあり，財務諸表の注記を比較しながら，報酬額の拡大競争を煽ろうとする。「競争的な役員報酬実務」のもとでは，真に独立したコンサルタントは稀少化せざるをえない。というのは，彼らコンサルタントにとって，企業クライアントのために，役員報酬の増大につながる提案をすることが，最初に彼らを雇った企業役員たちのお気に入りになる近道だからである。したがって，彼らが，自分に有利なご託宣をならべる，というのが最もありそうなことであった。

　少なくともワシントンDCでは，こういう空気だった。政治的な非難の応酬をするワシントンDCでは，空気こそが現実である。

　そこで私は次善の策をとることにした。すなわち，この領域における2人の

学識経験者—ハーバード大学法科大学院のルシアン・ベブチャク教授[56]と南カリフォルニア大学ビジネススクールのケヴィン・マーフィ教授[57]—を採用することとした。彼らは，役員報酬についてまったく異なる見解を有していたが，いずれも碩学としての地位を確立していた。ベブチャクは，政府の介入を信奉していたのに対し，マーフィは，市場の自由に任せて，政府の不干渉を維持すべきという考えだった。特別管理人として，役員報酬に関するわれわれの決定の信頼性を強調するだけでなく，さらに重要なことは，なんらかの大義名分を確実に付加できるので，私は彼らの意見を取り入れることにした。すなわち，「全国的に名の知られた，2人の教授が，われわれの決定を支持してくれた」と主張できるようにしたのである。

財務省TARP規則は，誰がいくら受け取るかを決定するに際して考慮すべき指標を列挙することとなった。新法の文言に加えて，財務省規則は七つの指針を定め，TARP対象の7社が役員報酬を支払う際に参照できるようにした。

1．リスク

役員報酬パッケージは，役員が当該企業の財政的基盤を脅かすような「過大な」リスクをとるインセンティブを回避するものでなければならない。リスクそのものは，抑制されるべきものではない。われわれの自由市場システムにとって，中核となるものだからである。しかし，「過大な」リスク—いかなる意味であれ—は，また別である。リスクに関する考え方，すなわち，役員報酬実務が企業の貪欲な行動を過剰に反映し，助長するという考えは，当然に，新法の基礎にあるポピュリストお気に入りのものである。

2．納税者への返還

この点が，ガイトナー長官の関心の中心である。役員報酬は，企業が中核となる上級経営者を採用し，任用する必要性を反映したものであって，その

---

[56] Lucian A. Bebchuk. コーポレート・ガバナンス，法と経済学，企業金融の専門家として著名。
[57] Kevin J. Murphy. 役員報酬や企業組織のインセンティブ構造の専門家として著名。

結果，最終的に，当該企業が借り入れた債務をすべて返済できるようにしなければならない。納税者へ払い戻す，しかも利息を付して。私の権限が及ぶ企業と財務省組織は，この指標を参照し，特別管理人に対し，役員報酬問題について，その裁量において処理することを主張しなければならない。

3．異なる報酬パッケージ

役員報酬パッケージは，それぞれ異なるもの―たとえば，基本給と現金，株式，年金その他の財産上の利益を含むインセンティブが混合したものでなければならない。「ゴールデン・パラシュート」は，法律の規定により，禁止される。その他の財産上の利益については，特別管理人の審査に従うものとする。

4．業績連動型報酬

この点が，財務省規則の中核部分であり，議会の怒りに対する直接的対応である。役員の基本給のみが保証されるが，報酬パッケージの残りの部分については，個人ごとに，過去3年間の企業業績によって判断する。短期間の業績向上は，追加的報酬をもたらさないものとする。その代わり，新規則は，企業の継続的な成長に焦点をあてる。役員報酬支払いに際して，役員とその企業は一心同体と扱われる。

5．競争環境

企業は，市場で競争できなければならない。したがって，特別管理人が審査し，承認する報酬パッケージは，他の事業者における報酬パッケージと競争的でなければならない。これら破綻の危機にある企業を，さらに競争上不利な立場に陥れるのは，自滅に結びつく。本プログラムの目的は，これら企業を健全な状態に回復させることであって，役員報酬を削減することによって，慢性的な痛みを追加して負わせることではない。後者の点は，特別管理人の判断に対して，企業を擁護する者が反対するときに，つねに引用する指標の一つである。

6．ケースバイケース

報酬パッケージの構成と，役員個人に対して支払われる金額のどちらも，

当該企業の価値全体に対する，当該役員個人の現在および将来の貢献を反映するものでなければならない。これら「貢献」の例として，収益の増加，特定の専門能力，経営方針の遵守，リーダーシップなどを挙げている点を除けば，財務省規則は分かりやすいといえなくもない。しかし，結局のところ，企業の財務的健全性あるいは競争上の地位の点に関して，当該役員がどのような役割を果たしたのかが問われている。

7．権限

最後に，財務省規則は特別管理人に対し，それぞれの事例における事実と状況に応じて，これらの指針の諸指標にどれだけのウェイトを配分するか，どの指標に関連づけて決定するかについて，広範な権限を委譲している。

9.11犠牲者補償基金の管理運営と同じように，法律と省令・規則によって，1人の人間に，誰がいくら受け取るのかを決定する最終的な責任を伴う広範な権限を付与している。この権限によって―他の政府機関の抑制と均衡から，ほとんどすべて免れている―メディアは，この新しい特別管理人に「ペイ・ツァー」という称号を奉ることになった。孫が「ロシア皇帝（ツァー）」になったのかと，リトアニア移民の祖父が知ったらどう思うかと想像すると，含み笑いをしてしまったが，私はこの言葉が嫌いである。私は，飴と鞭によって，支払額について気まぐれに勅令を発する独裁者ではない。法律とその委任にもとづく規則によって，財務省の権限が明確に定められており，さらに進んでも，役員報酬額算定において考慮すべき要素の詳細を定めるだけである。私は，野放図に，自由な裁量を行使することはできないのである。「皇帝」扱いされるにはほど遠く，私は，ポピュリスト的心情ともっともな関心，すなわち役員報酬が企業業績に連動して支払われるべきことと，これらTARP対象の7企業が納税者に返済するべきこととの狭間の道を，進んでいくしかないのである。

急いで起草され，政治的な重荷を背負わされた法律に適合するよう努めて，対立する公共政策上の利害を調整する調停者であっても，独裁者ではない。しかし，ペイ・ツァーのあだ名は，私の特別管理人の任期中ついてまわった。

私の任務に内在する対立が増大したのは，続く数ヶ月の間だった。私に対する批判は，私の管轄する7企業からだけでなく，財務省高官たち—たとえば，ハーブ・アリソン，金融安定化局のティム・マサッド[58]およびAIGを監督するジム・ミルスタイン[59]—からも寄せられた。私が企業の役員報酬パッケージを実施しようとすれば，破綻の危機に瀕しているこれらの企業に財務上の安定性を回復させようとする彼らの努力を無にするおそれがある，という不満をずっとウォーリンにぶつけていた。彼らの論旨はすばらしい。しかし，私は，彼らとぶつかろうと決意していたし，ウォーリンが私の後ろ盾になってくれると信じていた（他方で，彼は，私の瀬戸際外交的な行動は慎重にするよう，警告してもいた）。法律と規則を遵守することから，私がどれだけ外れているというのだろうか。産業界からの怒りの声を反映する議会を満足させる必要がある一方で，同時に，これら7企業が存続することを確保し，納税者への返済が可能になるよう，財務的健全性に向けて経営することを確実にする必要があった。これは，もともと，政策上の対立と政治的考慮のなかに埋め込まれていた課題でもあった。

　私は左右両派からの攻撃に身構える必要があった。共和党の理念からは，ペイ・ツァーが政府に代わって自由な市場と自由放任的資本主義に介入しており，また，私企業の役員報酬に関する事項は財務省の管轄外である，という主張がなされるだろう。これに対し，民主党からは，役員報酬に関する私の決定に対し，「削る額が少なすぎる。決定が遅すぎる」として，私をアメリカ企業社会の手先だと非難するだろう。私の財務省チームに，防戦体制を固めるよう指示した。

　しかし，そのような激しい攻撃が再び襲来することはなかった。私は，議会のムードを読み違えたのだ。つまるところ，誰がいくら受け取るかの決定にお

---

58) Timothy G. Massad. オバマ政権で，2011年から2014年まで財務省次官補を務める。

59) Jim Milstein. 2009-2011年，財務省のChief Restructuring Officerを務めた。

いて，政府の権限を制限する立法をしたのは，議会そのものであったのだ。私の権限が及ぶのは，7企業の上位25人の役職者，合計175人に限定されていた。私は，ほとんど象徴的な見世物を担当することとなったのである。このことは，私が，上院銀行委員会の有力メンバーであるアラバマ州選出のリチャード・シェルビー上院議員[60]を訪ねたとき明らかになった。「ケン，私を気にすることはない。私はTARP法案に反対票を投じた。これらの企業に納税者の金を利用するのは間違いだと思ったからね。しかし今や私はこれらの企業に対する債権者だ。債権者というのは，企業が支払う役員報酬額を確定させる権利を有するのではないか。ただ，君の権限をこれ以上拡大するのは，やめてもらいたい。現在の7企業の他にも権限を及ぼすようなことがあれば，私は反対する」。

カミーユ・ビロスと私は，下院の有力議員であるバーニー・フランク（民主党）[61]に会いに行った。彼は無愛想だった。「私は，ドッド＝フランク法[62]の成立，FRB（連邦準備制度），SEC（連邦証券取引委員会）そしてFDIC（連邦預金保険公社）の政策を注視している。企業役員報酬の本当の変革は，君の仕事から生まれないだろう。われわれが必要としているのは現実の改革であって，君はその改革を必要としていない。」

私が受任された事項を拡大しようとしたら，そして，議会がより広範で，永続的な規制改革を進めるのに気を取られていなければ，私は孤立していただろう。ここで私は，政治の場を通り抜ける許可証を受け取ったことになる。

私企業の役員報酬決定に介入する権限を財務省に委任した法律に，どのような実質的メリットがあるにせよ，直ちに私にとって明白となったのは，少なく

---

60) Richard C. Shelby. 2003年から2007年，上院・銀行住宅都市委員会委員長。
61) Barnett Frank. マサチューセッツ州選出。2007年から2011年まで下院・金融サービス委員会委員長。2010年ウォール・ストリート改革・消費者保護法の共同提案者としてその名を残す。2013年引退。
62) 2010年に制定されたウォール・ストリート改革・消費者保護法のこと。2010年7月21日，オバマ大統領の署名により発効した。

とも政治的な視点からは，私の裁量を狭く解して，役員報酬決定の範囲を限定するのでなければ，私の任務は不可能である，ということであった。議会の要求する仕事をする。それ以上でも，それ以下でもない。

議会は，私の任務を最優先のものと位置づけないかもしれないが，アメリカ市民は，驚くほど熱心に，誰がいくら受け取るかの問題に，私がどのように回答するかを見つめていた。わずか175人の会社役員に対する報酬の決定が新聞の一面を飾るとは思っていなかった。金融危機やサブプライム危機によって，国民の不安が高まっている時期で，失業率の上昇と，ウォール・ストリートの役員報酬の額とそれ以外の企業の役員報酬の差が拡大しているところから，アメリカ国民は，企業を牛耳る者の名前の隣に，どんな金額が現れるか，強い関心をもっていたのである。AIGのCEOとバンク・オブ・アメリカのCEOは同じ額なのか。GMは，今のところ破産手続の申立はしていないが，そのトップにはいくら支払われるのか。シティ・グループやAIGのCFO（最高財務責任者）についてはどうか。これらの企業が金融危機を引き起こし，われわれを崖っぷちまで引きずったのではないか。こういったことに責任を負うはずの個々の役員に，いくら—実際の確定した金額を—支払うのが適切なのか，等々。納税者は，こういった疑問の答えを知りたいのであるが，その多くは，その報酬パッケージが「過大」だとすれば，批判を始めようとしていた。

私の仕事は，これらの企業に対して，22頁の説明を付した質問書を送付することから始まった。そこでは，会社と従業員に関する一般的な情報，当該企業における上位25人の役職者に対する過去の報酬，そして比較の対象となる市場データを提出するよう要求した。そのうえで，重要な質問をした。「報酬決定に際して，あなたの会社はどのような提案をしましたか。法律と規則を考慮に入れて，報酬決定の諸要素，たとえば，現金と株式，基本給，支払期間の長短，ボーナス等をどのように組み合わせるのがいいと考えますか」。要するに，本音で「各役員に，どれだけの価値があるのか言ってくれ」と頼んだ，ということである。

これらの企業から大量の文書が届いた。その多くは，役員報酬に関する外部

の専門家やコンサルタント会社を採用し，彼らの言い分を通そうとするものだった。これらの企業は何百万ドルも使って，このような文書を作成したのだが，それらはしばしば，カラフルなチャートやグラフを添付して，中核となる役員の比類なき経営能力を見た目で際立たせようとしていた。誰もが，「代わりがいない」とか「必要不可欠な」人物といった言葉が並び，最後は同じ文句で締められていた。すなわち，「あなたが確定した報酬金額が低すぎると，この有能な役職者が会社を去ってしまって，納税者の資金によるTARP融資は危機に瀕します。われわれは，生き残れるかどうかの瀬戸際にいます。どうか，断崖へと背を押すことはしないでください」。あるとき，1社が究極の呪いをかけるようなことを求めてきた。すなわち，「退職する役職者は，たんにもっとたくさん報酬を支払う国内競業者に転職するだけではありません。ヨーロッパ，日本や中国のライバル企業に就職するでしょう」云々。

　これら提出された文書が，明確かつ際立たせたことは，特別管理人室がこれら7企業の将来を握っている，ということである。さあ，ファインバーグ先生，あなたが役員報酬を決定するときは慎重にいくのがいいですよ。

　質問状の完成と回答書の提出は，われわれの業務の開始の合図にすぎない。同時に，われわれは外部の独立したソース，たとえばエクイラー社の役員報酬データ[63]を使って情報を収集した。その目的は，7社以外の役員報酬実務について，よりバランスのとれた，かつ，より異論が出にくい資料を作成することにあった。われわれは指標に付された注記を比較し，7社が提出してきたデータにあてはめる，という作業を行った。もちろん，われわれの2人の専門家も重要な役割を果たした。

　しかし，この過程で最も重要な部分は，企業の役員たちとの個人的な面談を設定したことである。彼らは，中核となる役職者を代弁した彼らの言い分を聞いてくれる聴衆を必要としたからである。誰がいくら受け取るかを決定してきた過去の経験から，私は，対面での面談が有効であることを学んだ。私的で，

---

63) 役員報酬の指標と，それを使ったS&P 500社のトップ25についてのデータを公表している。http://www.equilar.com/

秘密保持の処置がとられた面談は，参加者に自分たちの主張の機会を与えるだけでなく，正当手続保障や公正さの感覚をもたらすものであった。たんなる数字，グラフ，チャートだけにもとづいて，きわめて重要な役員報酬に関する決定をするつもりはなかった。いずれの企業も，結論への影響を考慮して，事案の聴聞を受ける権利を有するからである。

この聴聞手続きは，役員報酬決定過程全体について，その信頼性を高めることによって，正当なものだと認めさせるのに役だった。7社の役員たちは，私的な聴聞に応じるためにワシントンDCまで出張し，特別管理人とテーブルを隔てて向かい合い，自分たちの主張を通したのだが，彼らもワシントンDCまで出張したかいがあったはずである。彼らは直接，共同で報酬決定プロセスに任意参加したのである。役員報酬決定は，財務省の暗い地下事務室で，政府職員の退屈な書類仕事だけでなされるものではない。それらは，審理過程の透明性が担保された結果であり，そこで各企業の上級役員がそれぞれの意見を述べる機会を得たことが重要である。

CEOとその顧問弁護士はそろってワシントンDCに出張してきては，即席の演説を行い，役員報酬の要求が通らなかった場合の悪影響について警告するのだった。リスクにさらされているのは当該企業の資金と公的資金だけではない。特定の役員が当然支払われるべきものを受け取ることができなければ，アメリカ経済全体に悪影響を及ぼすことになってしまう。それを世界が注目しているのである。

これらの面談は，二つの基本ルールによって特徴づけられていた。第一に，とくに要請されない限り，私の報酬決定の対象となっている175人の役員それぞれに，私から会いに行こうとはしないことである。法律も財務省規則も，この点について何も規定していない。私は，複数の会社にまたがって，個々の会社の報酬慣行に関する研究をすることになり，さらに，その会社の経営組織において特定の地位にある役員が，どのようにして，そのような報酬慣行の担い手となっていったのかを知ることとなった。CEO，CFOや人事担当副社長と面談したとき，彼らは，彼ら自身の報酬に関する，自分勝手な議論をすること

なく，会社全体の代表者であるかのように装って，私に会いにきたことが分かった。

　第二に，すべての面談は，ワシントンDCにある財務省メインビルで行うこととした。調停者としての経験から，最も効果的な場所で面談を行うことの重要性を認識していたからである。ホワイトハウスに隣接するこのビルの偉容は，私にとってきわめて有利に働いた。アンティークの机とテーブルが並ぶ，ビロード張りの会議室に続く廊下と玄関に陳列された歴代財務長官の肖像画が迎える，贅沢で堂々とした建物のなかというのは，役員報酬に関する面談を実施するのにもっともふさわしい場所であった。このような環境におびえたわけではないと思われるが，これら企業役員がすぐに認めたのは，手強い交渉相手——すなわち連邦政府——に対峙しているということであった。

　私が説明したのは，特別管理人が敵対する者ではないことと，「ペイ・ツァー」と呼ばれるのを拒否すること，であった。反対に，私は調停者であって，報酬支払いに関する合意に達することを望んでいる。しかし，法律と規則によって，誰がいくら受け取るかについては，最終的な決定権限は私に付与されている。私はこの権限を行使するのを，個々の企業との調整がつくまで待ちたいと思う，云々。

　秘密保持の措置がとられた面談は，ときには，感情的な論争を引き起こすこととなった。上位25人の役員は，引き続き企業にとって重要であり，彼らが初期の段階で決定に関与していなければ，会社の事業そのものが崩壊してしまう——このようなエピソードが会議室を支配していた。統計的数字による比較は二の次で，論争には効果がなかった。われわれ財務省側も同じデータをもち，数字をどのように解釈するかを知っていたにもかかわらず，である。しかしまた，人間的要素がまったく別のものとして現れてくる。

　それは，まったく個人的なことである。世論の空気とは反対に，企業の上級役職者にとって，役員報酬というのは，たんなる物質的利益以上のものである，ということが分かった。経済上の利益，たとえば海辺の別荘や2台目（あるいは3台目）の車をもつとか，子供を私立学校に通わせる，といったものを

最小限にすることはできないが，私に会いにきた役員たちが強調していたのは，適切な役員報酬が自尊心を満足させる，ということである。役員報酬は，自分が達成したことの裏返しであり，それ相応の報酬をはずんでくれなければ，自分自身，失敗と見なすだろう。個々人の成功は，自分と競争相手を比較することのみによって決まる。そして，報酬の額はその判断要素の一つとなる。しかし，数字などというのは，相互の比較，家族，友人関係そして地域での敬意等の前には意義を失ってしまう。

　人生の意義に関する，このような狭い見解は，会社役員から不快感の爆発をもたらす。「なぜ，あなたは私の成功を貶めようとするのですか。なぜ，会社に対する私の価値を認めないのですか。私がこれまで達成したことのすべてを信じないのですか」等々。そして，彼らはこういった議論を本当に信じていた。すなわち，役員報酬こそが，成功を測る唯一の物差しであると確信していた。このような財界首脳，業界トップ，その役員たちにとって，特別管理人は彼らの真の価値——会社，社会そして彼ら自身に対する価値を評価してくれないと困るのである。

　私は，フランク・レッサーの有名なブロードウェイミュージカル『努力しないで出世する方法』[64] を思い出した。そこでは，大企業で出世したいという野望がある，頭が良くて，若いビル窓拭きのフィンチが，鏡に向かって，自分を励ます独り言をいうシーンが出てくる。知恵，判断力，素質とやる気，どれをとってもお手本となる者だと，自分を励ます。これらの台詞が，おどけながら，だんだんと大きくなり，最後には，「あなたの力を信じる！」と繰り返す。役員報酬に関する聴聞のとき，アメリカ企業の部屋が，精神的に不安定なフィンチのような者の小隊によって占められているのではないか，と感じることがある。彼らはすべて，できればゼロが可能な限りたくさん並んでいる支払小切手によって，自分の価値が正当であると認めさせようと必死なのである。

　私の仕事を，潜在的に感情的になる可能性から分離しておこうとするのは，

---

64) 原題は "How to Succeed in Business Without Really Trying" で，ブロードウェイの初演は 1961 年。日本では，坂本九主演で，1964 年に公開された。

容易ではない。手続きに対する客観的合理性とその一貫性を担保する要素を付加するため，私は以下の通り五つの原則を提示し，全体にも適用した。

- 現金支給を保証するのは，年間で，5万ドルを限度とする。それに追加する分は，いかなる額であっても特別管理人の許可を要する（このような許可を得たのは，最終的に，7企業の役員のうち，10％以下であった）。
- 現金によるボーナス支給は認めない。残りの年俸については，自社株で支給される。法律により，当該自社株の予約権はただちに付与され，発行日の価格にもとづいて計算される。この株式については，2011年を起点として，年3回，同額を買い戻すことができるものとする。ただし，TARPにもとづく借り入れを返済したときは，1年早期に，買戻しを請求することができる。個々の役員報酬は，会社全体の，長期的な業績に連動するものとする。
- 追加的なボーナスの支給は認められるが，「一定期間，譲渡制限条項の付された自社株」のかたちに限られる。すなわち，個々の役員は，当該株式発行後，最低3年間は，会社との任用関係を維持しなければならない。その場合であっても，TARP貸付を返済した分の25％のうち，その25％までは上記株式を買い戻すことができる。
- プライベートジェットによる出張，ゴルフクラブの会費等の特典については，25,000ドルを限度とする。追加的な特典については，いかなる額であっても，特別管理人の許可を必要とする。
- 退職プログラムにもとづく報酬の後払いや退職手当については，2009年時点の内容のままとする。退職する上級役員に対して特別な手当を支給することはできない。

最終的に，ゼネラル・モータース社とクライスラー社，およびその金融子会社のGMACとクライスラー・フィナンシャル社は，それほど問題でなかったことが分かった。存続をかけていたので（GMは再生手続を終えたところであり，クライスラー・フィナンシャルは清算を予定していた），これら4社は，注目を浴びるような現行報酬パッケージを実施する余裕はなかった。したがっ

て，自動車産業とその金融子会社について，役員報酬額を確定することは，比較的容易であり，分かりやすいものであった。CEO または CFO を除く役員には，年間百万ドルの，すべて一体となった報酬パッケージが支給され，財産上の特典や自社株の支給はほとんどなかった。自動車業界に対する私の役員報酬に関する決定が，実体経済と実際に連動していなかったとしても，ウォール・ストリートの行き過ぎに着目していた一般市民からの怒りをもった反応を引き起こす可能性は低かった。

　2009・2010 年度に特別管理人が自動車業界のために決定した役員報酬については，それほど注目もされず，話題にもならなかった。世論も議会も，注意を払っていなかったようにみえた。彼らの関心は，別の獲物，すなわち AIG，バンク・オブ・アメリカ，シティ・グループに代表される金融サービス業にあった。とくにシティ・グループとバンク・オブ・アメリカの上位 3 人の役員について，その報酬額を発表したら，3 人合計の数字が，GM やクライスラーの上位 25 人の役員の報酬パッケージを合計したものよりも大きいことを示している点に着目していた。

　巨大金融機関 3 社は，特別管理人と交渉する際，それぞれ異なる取り組みを提示した。

　シティ・グループは，まずもってルイス・カデン[65]——適度に，政治的な鼻が利き，かつ経験もある企業弁護士で，副社長の肩書きをもつ——と交渉するだけでよかったので，もっとも簡単にいった例である。カデンと私は 20 年以上の知己であり，われわれの関係は相互の尊敬と称賛にもとづいていた。カデンが認識していたのは，特別管理人と喧嘩しても，政治的あるいは実質的にはなんの意味もない，ということであった。したがって，その日の終わりには，役員報酬について，最終的な判断をすることになった。カデンとシティ・グループは，当時の現実にもとづいて，分別のある，一連の行動をとることを決断し

---

65) Lewis D. Kaden. デービス，ポーク＆ウォードウェル法律事務所で 20 年余実務を担当した後，コロンビア大学法科大学院で教鞭を執った。その後，シティ・グループの副社長として入社した。

た。すなわち，役員報酬に関する賢明な提案，可能な限り最良の取引を望み，そして，最終的にはその結果を，不可避なものとして受け容れる，といったところである。

　この戦略は，ただちにアンドルー・ホールで試されることとなった。ホールは，シティ・グループのエネルギー取引子会 PHIBRO の社長であった。ホールはシティ・グループと交渉し，ボーナスとして，9,500万ドルの支給を受ける権利を得ていた。これは，私が過去に扱った報酬パッケージのうちで最大のものより遙かに大きな金額であった（2番目に高額な役員報酬は，3,000万ドル以上受け取るものであった）。ニューヨークでカデンと面談したとき，そんな報酬パッケージを認めるわけにはいかない，と釘を刺した。「ホールが，有効な契約を保持しているかどうか，私には関心がない。彼は，裁判所に提訴して，契約に示された金銭の支給を受ければいいのだ。しかし，私の目が黒いうちは，9,500万ドルを受け取ることはないだろう。『過大なリスク』と役員報酬について話そうじゃないか。9,500万ドルものボーナスを支給される人は誰でも，それだけのリスクのある取引に関与したにちがいない。ホールは，報酬の支払いがどれだけリスクを助長するかを示すシンボルである。議会はホールに対して，そのことを示す証人として，10台のテレビカメラを用意した喚問を設定するだろう。この点について，何とかした方がいい」。

　それから数週間もしないうちに，シティ・グループに関する役員報酬の決定を発表する前に，シティ・グループは PHIBRO をオキシデンタル・ペトロリアム社に，破格の値段で売却した。オキシデンタル社は，TARP による支援を受けておらず，また私の管轄の対象でもなかったので，同社は，政府の介入を受けずに，報酬パッケージについて，ホールと交渉することができた。最終的な決着は回避された。今日に至るまで，オキシデンタル社がホールにどのような報酬を提供したのか知らない。

　シティ・グループの役員に関連する他のすべての事例で，カデンと私は，受け容れ可能であって，金融業においても競争的な役員報酬パッケージについて交渉した。全体のパッケージは高額であった――最も上位の役員は200万ドルを

超える報酬を受け取る──が，現金で構成される基本給は，個々の役員に対して50万ドル以下と，より穏当なものとなっている。報酬パッケージの残りの部分は，譲渡制限条項付きの，長期的な保有を前提とする自社株で，少なくとも3年以内は買戻しができないものが交付される。そして，シティ・グループの総帥，ヴィクラム・パンディットは，給与やボーナスを支給されないことを受け容れた。カデンと短いやりとりをし，役員ごとに個別の報酬について交渉を重ねることによって，われわれはシティ・グループと合意に達することができた。

しかし，バンク・オブ・アメリカは違った。交渉自体は協力的な雰囲気で始まった。退職するCEO，ケネス・D・ルイスが，すでに決まっていた2009年度の報酬全部を返上するのがよい，というのがルイスとバンク・オブ・アメリカの考えであると信じていた。私が指摘したのは，その35年の勤続で，ルイスの退職年金は積み上がっており，退職に伴う諸手当を含めると5,000万ドルを超えることになる，という点である。彼の弁護士にこう述べた。「ルイスの年収はいくらなのか。彼は5,000万ドルと一緒に去って行くだけ，保証付きの完璧なものだ。それで君は，ルイスが議会の前に引きずり出されて，退職する際に受け取る報酬として妥当なものだと言い張るつもりなのか」。ルイスは同意し，もう一つの争点も峠を越えた。

バンク・オブ・アメリカの副社長スティール・オルフィンとの対談も，十分心のこもったものであった。しかし，他の6人の上級役員については合意に達することができなかった。その理由はおそらく，以前に買収したメリル・リンチが関係しており，上位のトレーダーの年収が1,000万ドルから3,000万ドルであるという点にあると思われる。私がオルフィンに想起させたのは，結局のところバンク・オブ・アメリカは銀行なのであり，たとえ上位25人の役職者であっても，私の目の前で，何千万ドルもの収入を得ていくことができるのだろうか，ということである。オルフィンは，この点について懐疑的であった。メリル・リンチのトレーダーたちは1,000万ドル以上の収益を上げたとの記録をもって，バンク・オブ・アメリカに移籍してきた。かりに私が同じ報酬枠組

第 5 章　公的資金による金融機関救済と役員報酬　117

みを継続しなかったら，彼らはすぐにライバル企業に移籍するだろう，というのがオルフィンの注意した点である。報酬の減額が穏当なものであれば受け容れることが可能であるが，大幅な減額であれば，彼らを退出させるだけである。バンク・オブ・アメリカとしては，彼らトップトレーダーを失いたくないのだ。

　しかし，私は動じなかった。第一に，私は，オルフィンが政治的現実を無視していることを思い出させた。彼の要望通り，私が役員報酬パッケージを認めたら，議会公聴会のような場所で，われわれは共和党からも民主党からも攻撃されるのが落ちだ。トレーダー自身も議会に呼ばれて，彼らの役員報酬について説明させられる。そんなことになったら，彼らにとってもバンク・オブ・アメリカにとっても，評判ががた落ちになってしまう。第二に，トレーダーたちに対するそのような報酬を認めてしまうと，同銀行自身の報酬慣行はどうなるだろうか。また，バンク・オブ・アメリカに対して忠誠心をもち，長期にわたって役職員であって，これまでメリル・リンチで働いたことはない者に，どのような影響があるだろうか。オルフィンの報酬に関する勧告は，共存しようとする二つの陣営を，かえって仲違いさせることになるのではないか。彼は，そのような自暴自棄な報酬パッケージにこだわる余り，近視眼的になっているが，同銀行自身に対しては，そのような方針によって，長期間悪い影響が出るだろう。

　私の言葉に留意するよう，オルフィンに忠告した。特別管理人は，資本主義者自身から，資本主義者を救済しようと務めているだけなのだ。政治音痴には，より厳しい政府の介入が待っているのは避けられない。

　それでも，われわれは合意できない。そこで私は，前メリル・リンチのトレーダーであった者を含む，バンク・オブ・アメリカの上位 25 人の役員について，報酬パッケージを決めることとした。彼らのうちの数人は，依然として 900 万ドルまでは報酬として受け取ることができるが，そのうちの給付が保証される現金は少額で，残りは長期保有を前提とするバンク・オブ・アメリカの自社株が給付されるものとする。オルフィンは，本件から数週間で，退職し

た。

　もっとも感情的な対立があったのは，金融サービス業の巨人，AIGであった。それは，心のこもったものでもなければ，上品なものでもなかった。重量級同士が素手で戦っているようなものであった。一方のコーナーに立っていたのは，ロバート・ベンモシェ[66]であった。彼は，AIGの新しいCEOで，頭がきれ，かつ闘争本能にあふれている人物であるが，財務省では，進んで前線にたって，議論に参加していた。

　「大きすぎて，つぶせない」をまさに体現するものとして，AIGは，当初から議会の標的であった。ウォール・ストリートの悪いところをすべてもつものとして，AIGは恰好の象徴となった。AIGの前CEO，エド・リディ[67]が，以前，下院銀行委員会において，フィナンシャル・プロダクツ部門の役職者が，残留特別手当として1億6,500万ドルを受け取ることになっている―公的資金からTARP補助金を給付された後でも―，と証言したことがある。もちろん，議会からは怒りの声が上がった。AIGを破綻の淵に進めたのは，まさにフィナンシャル・プロダクツ部門であった。そのような者が，どうして1億6,500万ドルもの特別手当を受け取ることができるのだろうか。金融危機の発生前に締結した契約にしたがって，AIGはこの特別手当を支払う義務を負っている，とリディは説明を試みた。このAIGの債務について，リディは，AIGの顧問弁護士とFRBの法律専門家の双方から，法律意見を聴取していた。しかし，議会主導者たちは，依然として怒りがおさまらなかった。

　この，以前に締結された報酬契約は，私とリディの後継者（ベンモシェ）の交渉の対象となった。ベンモシェはこの交渉をきわめて個人的なものとし，一方で，世論の派手な批判に応えることで，窮地に立った会社の内部モラールを向上させながら，他方でAIGの役員たちを支持することとした。彼は，政府部内の，信頼できる第二ランクの役職員―財務省金融安定化局のスタッフやニ

---

66) Robert Herman Benmosche (1944-2015). 2006年メトロポリタン生命保険のCEOを退職していたが，AIG再建のため，2009年にAIGのCEOに迎えられた。

67) Edward M. Liddy. 2008-2009年，AIGでCEOの地位にあった。

ューヨーク連銀の部局長代理クラスの協力を求めた。彼にとっては苦しい状況，たとえば，すでに確立したAIGの報酬スキームに適合するのが難しいこと，会社が倒産の危機にあること，公的資金に損失を生じる可能性があること，などを並べて見せた。

多くの政府当局者は，見て見ぬふりを決めこもうとしていた。しかし，ニール・ウォーリンは彼らと異なり，次のように述べた。「ケン，ベンモシェとうまくやってください。完膚なきまでに屈服させる必要はありませんが，瀬戸際まで追い詰めることはやめてください。あなたは限界点を知っている。われわれは，納税者の提供した資金を守らなければならないのです」。

私は，財務省ビルのなかで，6回ほど，ベンモシェと会う機会を得た。彼の尊大な態度にもかかわらず，交渉人であり，虚勢を張っているときも，手の内をみせないポーカー・プレーヤーだと評価した。彼は，交渉をどのように閉じるかを知っていた。さらに，AIGの役職者を含む，彼らの報酬の問題をはっきりさせることに，個人的かつ既定の利害があった。彼がCEOの地位にある間，失敗という選択肢はなかった。

しかし，それは容易なことではない。ベンモシェや他のAIG関係者と，数ヶ月にわたって議論してきたが，私が直面した問題は，この種の特別残留手当に関してきっちり定められた契約条項であって，それらは2005年のものまで遡ることができる。ベンモシェと財務省スタッフは，この契約条項が尊重されるべきことを要請した。彼らは簡単な計算方法を提案した。すなわち，個々のAIG役員に対する適切な報酬額を算出した後に，残留特別手当条項が発効する最低ラインを付加したのである。

それでも私は躊躇した。このようにして算出された個々のボーナスであっても，100万ドルを超えるものがあったからである。フィナンシャル・プロダクツ部門付の3人の役員の報酬額は150万ドルから240万ドルの間であるが，彼らは，遅滞している特別手当の支払いをも求めた。TARPの時代に，これら役員にボーナスの支給を認めることは，正当化できないであろう。事情の変更―グローバルな金融危機とAIG崩壊のおそれ―によって，契約当事者の当初の

期待も変更を余儀なくされた。したがって，2008年の金融危機後のアメリカでは，残留特別手当条項は，実行できないものとなったのである。世界はすでに変わってしまい，それにつれてAIGの将来も変わったといえよう。

同時に，ベンモシェには告げなかったが，特別手当条項の有効性について裁判所で争うのは，公共政策上，大きな間違いとなろう，という点で，財務省関係者全員と合意していた。とくに財務省とFRBは，憲法に明記されている契約の神聖性を，少しでも無視することはできない。それは，われわれの金融システムの，確固たる中心だからである。私的な当事者が誠実に締結した既存の報酬契約について，何か穴があるか発見するよう弁護士に依頼することは，実行可能な選択肢ではない。

しかし，周囲をとりまく環境は，これら特別手当に関する契約に署名してから，大きく変わってしまった。たしかに，事情の変更によって，この報酬契約は，任意に，改定されなければならなくなったのである。

今度は，ベンモシェが押し返す番である。はじめに，彼は，これまで共通に主張されてきた論調に加わることにした。すなわち，かりに以前の報酬契約が尊重されないと，ファイナンシャル・プロダクツ部門の中核となるAIG役職者——彼らは金融危機になんら関係しなかった——は退職し，金融業におけるAIGの将来と納税者が提供した資金の両方を脅かすことになる，とベンモシェは強調したのである。そして，彼は「ケン。私は，この会社を建てなおそうと努めている。君だって，容易にできない仕事だ。問題になっている報酬金額は，実際に危機に瀕している状態と比較したものではない」と主張したのである。

私はある解決策を提案した。私が提示した，報酬決定に関する五つの原則のうちの一つにそって，ベンモシェに対し，残留特別手当条項を履行し，その分を，長期保有を前提とするAIG自社株の取得に当てる，というものである。AIGの役職者に直接，現金を交付する代わりに，彼らは会社の将来に投資することになる。かりにAIGの再生が成功すれば，彼らの保有する株式の価値も増加し，十分な見返りを期待できよう。反対に，再生がうまくいかなかったら，彼らの投資も失敗ということになる。彼らの将来の経済的利益が，会社の

第5章　公的資金による金融機関救済と役員報酬　121

将来と連動しているのは，われわれの規則と整合的である。このような解決策は，バンク・オブ・アメリカとシティ・グループで特別残留手当の支給を予定していた役員の何人かも，すでに受け容れたものであった。どうして，同様のことがAIGにもできないのだろうか。

　驚くべきことに，私のこの提案は，ベンモシュに拒否されただけでなく，財務省・FRBからも拒否された。彼らは，AIGの財務状態がかなり危険で不確実なため，現金と株式の交換は理由がない，と主張していた。バンク・オブ・アメリカとシティ・グループの財務状態は異なる。依然として政府の支援が必要ではあったが，その将来は楽観的なものである。しかし，AIGは寝たきり病人の状態で，株式価値は事実上ほとんどない，というところである。AIG，財務省およびFRBが私への批判を思い起こしていたとき，AIG株は，1株30ドルで売られていたが，彼らの反応は，すべて投機的だというものであった。実際には，1株3ドルの価値もなかったというのだ。

　これを聞いて，私はショックを受けた。たとえAIGの上級役職者が，これ以上会社の経営に関与したくないという場合であっても，AIGの将来に投資しても大丈夫とのサインを一般に示す，というのが目的だったからである。

　次に，代替案を示すこととした。財務省規則によれば，特別管理人は，現在の役員報酬を決定する際に，過去に期限が到来した特別手当の額を組み入れることができる。AIGの上級役員がTARPの前に締結した残留特別手当の合意にもとづいて権利を主張できるとすれば，報酬総額の最低ラインを算定する際に，この点，すなわち過去および現在を考慮することができることとなる。

　ベンモシェは同意した。われわれは，AIGの役員のために，残留特別手当を含む個々の報酬パッケージについて交渉する，というつらい任務にとりかかった。現金と株式の割合をどのようなものにするか。すでに履行期の過ぎた特別手当の分を考慮して，総額の最低ラインをどの程度下げるのか。AIGの人材として，任用関係を継続するために，どのレベルの報酬パッケージを維持すればいいのか。内外の批判を回避するためには，現金で受け取る分をどのくらい削減するのがいいのか。私はなんらかのかたちで，すべての関係者，すなわちベ

ンモシェ，AIG の上級役員，財務省と FRB の高官そして特別管理人室の同僚のすべてを満足させなければならない。すべての個別報酬パッケージに決着がつくまで数ヶ月を要した。

しかし，私はもう一つ，ベンモシェから譲歩を引き出す必要があった。リディが議会証言したとき，すでに残留特別手当を受け取った AIG 役員が，その分（総額で 4,500 万ドル）を納税者に返還すると公に約束した。未だ実行されていないので，世論が注視している。私は，ベンモシェが特別手当を返還することが，この新たな報酬パッケージ実施の条件とすることとした。彼は同意した。そこで，今後予想される報酬パッケージが告知される前に，総額で 4,500 万ドルの特別手当を受け取った AIG 役員が，個別に返還することとした。

私が取り組まなければならない課題がもう一つあった。横並び，である。このことは，ケネス・ルイスの退職後に新たに AIG の CEO を探しているときに明らかになった，最優先課題である。たとえば，すでにどこかのライバル企業の CEO だった者のように，経験豊かな，信頼できる人材を金融機関の CEO に迎えるときは，すでに存在している報酬パッケージ—現金で支払われる数百万ドルの固定給，何千万ドルもの確定給付年金プラン，何百万ドルに及ぶ退職時の追加的特別手当，プライベートジェット機の個人使用やゴルフ会員権などの特典—を提供する必要があるが，それは特別管理人の審査を通過することはないだろう。二つの事例で，AIG は，ライバルの金融機関から新しい CEO を任用する際に，私の指示と最終的な許可を求めてきた。いずれの場合も，AIG が政治的現実を無視していると指摘して，私はこれらの報酬パッケージの提案を拒絶した。

最後に私は「内部昇格で対応すればいいのではないか」と示唆した。これこそが，横並びのジレンマを回避する論理的な方法だからである。バンク・オブ・アメリカは，他に選択肢がなかったので，これに同意した。したがって，現在の役員のなかから，ルイスの後継者を選ぶことになるのだ。

2009 年 10 月 22 日，特別管理人室は，対象 7 企業の上位 25 人の役員について，報酬パッケージを決定したことを，公式に発表した。私の 5 原則を適用し

た結果，上級役員たちには財産上の影響が現れることになった。すなわち，個々の現金支給は，2008年の水準からおよそ90％減少となり，総額では2008年の水準から50％減少となる。わずか3人の役員―ベンモシェとクライスラー・フィナンシャル役員2人―が，100万ドル以上の現金固定給を受け取ることとなった。クライスラー・フィナンシャルは，事業を継続しないで清算する予定であったので，長期のインセンティブ報酬は支給できなかったからである。

　過去の役員報酬実務では，役員は直ちに，保有する自社株を売却することができたが，それとは異なり，特別管理人の決定は，自社株の長期保有を求め，役員報酬は企業業績に密接に連動するべきだ，というものである。さらに，日常業務を担当する従業員にとって有用である範囲を超えて，退職時の特別手当や特典の類いを支給することは認められない。

　役員報酬に関する私の決定を発表する記者会見で，現金で支給される固定給分をすでに削減したことを強調して，私は攻勢に出る姿勢を見せた。すなわち，これらの企業の再建には，役員に対する追加的な報酬の支払いや退職時の特典を認めないことが必要だということを示したのである。私の決定に従うべき役員の数は，結局のところ175人にすぎないのであり，自由企業システム全体に対する攻撃にはほど遠いことは明らかである。翌週，私はテレビやラジオに出演し，私の決定の長所に触れながら，これが他の企業も任意に採用できるようなモデルとして機能することを望みたいと述べた。そのうえで，両派からの批判の嵐に対して備えることとした。

　まず，対象7企業自体が，これを歓迎しなかった。彼らは，財務省ビルで出会う誰彼なしに個人的な不満をぶつけた。たとえば，役員報酬に関する私の決定によって，これらの企業は二流の地位に格下げされてしまって，必要な人材を確保できなくなってしまう，等。

　しかしながら，公式には，7企業のうち6企業は結果に満足していると表明した。彼らは，堂々と公式見解を発表し，役員報酬に関する決定は，彼らの競争力を阻害するものではなく，この決定を遵守し，健全な財務状態への回復に努めるつもりである旨を表明した。

しかし，バンク・オブ・アメリカは違った。役員報酬に関する私の決定は，大きな費用負担を伴い，不公正で，逆効果しかないと述べて，この銀行の役員たちは，将来の競争力や再建の可能性について，切迫した調子の警告を発したのである。特別管理人は，この銀行とライバルたちが直面している実務上の現実を，全く関心がないかのように，無視することにした。この銀行は，たんに世論を喜ばせるためだけに笑顔を振りまく，というポーズを取ることはできないのだろう。

しばらくして，役員報酬に関する私の決定に対する世論の反応は，驚くほど変化して，積極的支持に変わった。私に，企業が支払う役員報酬をもっと減額するつもりはないのか，といった批判がくるのかと予期していたが，そのような批判は何もなかった。財務省の高官——そして，おそらくはホワイトハウス——は，ほっと一息ついた。世論の興奮と騒ぎを鎮静させたことで，ウォーリンの計画は成功した，ということができる。

つまるところ，——そして，皮肉なことに——財務省，特別管理人と対象7企業の利害は，すべて関連していたのだ。特別管理人による将来の精査を逃れることに熱心となって，3社は，私の監督を免れるために必要なことを行った。バンク・オブ・アメリカは，実際に，TARP資金から融資を受けていたので，これを納税者に返済することによってのみ，私の管轄から外れることができる。（実際に，バンク・オブ・アメリカが融資の返済を発表すると，株価が3％上昇した）。数ヶ月のうちに，シティ・グループもクライスラー・フィナンシャルも追随した。

最終段階でこのような紆余曲折があったが，新法の目的が最終的に達成されたことは確実である。納税者からの資金はすべて回収されたからである。対象7企業のうち3社が，TARPによる融資を返済し，ふたたび自立した経営を行うことができるようになって，われわれが常に称賛してきた，伝統的な自由企業社会に復帰したのである。

悲観的な警告にもかかわらず，有能な役員が大挙してこれらの企業から退職していったという事実はない。反対に，特別管理人がその報酬を決定した役員

のうち85％が，翌年までその職に留まっていた。これは，実際上も大きな意味を持つこととなった。企業経営陣の上級役職者，すなわち，長期にわたって企業の顔として認められ，明瞭に述べられた企業文化に精通している者が，たんに道を渡って，あるいは海を渡って，ライバル企業に移籍するのは，それほど容易ではないことが判明したからである。そのような個人に，どれだけの需要があるのだろうか。何年も企業に在職して，彼または彼女は，どれほどリスク回避的になれるのだろうか。そのまま在職していれば，十分な報酬が与えられ，皆から敬意を払われるなど，仕事をする環境としては一般的に満足できるのであるから，居心地のいい思いをすることになる。同僚は，たんなる仕事仲間というだけではなく，年来の友人でもあり，一緒に社交的な活動もする。通勤路はよく知っているし，快適でもある。熟知していることは信頼を生み出す。私が報酬決定をした後に退職した，15％の役員については，それが報酬に起因するということは，はっきりしていない。企業の役員がその企業を去る理由は，引退を含めて，無数にある。役員報酬は，その要素の一つにすぎない。

　残っていた最後の課題は，「回収」である。法律と財務省規則によって，特別管理人には広範な権限が付与されているのであるが，その一つに，TARPから金融支援を受けた「すべての」企業に対して，その役員に以前給付された報酬を回収するよう要求することができる，というものがある。その企業の数は450社以上ある。この権限を付与するにあたって，議会は，金融危機に責めを負うべき企業の支配者が無傷のまま逃げられてはならない，という信念を表明している。つまり，特別管理人には，行使しようと思えば行使できる大きな権限があり，なんであれ，彼が適切だと判断したものは，これらの企業役員から取り戻すことができる，ということである。彼は，何十億ドルもの取立を求めることもできるし，何もしない，ということも可能である。

　数ヶ月間，私はこの問題に頭を悩ませていた。アメリカが陥った金融危機に責めを負うべき企業役員で，報酬を受け取った者に対して，攻撃的な姿勢を見せることに，政治的な意味合いをもたせようとしてきた。かなりレベルの高い政治ショーの舞台であろう。それに加えて，数社は，不名誉なことに，TARP

資金を使って，その上級役員に対し特別手当を支給していた。このような資金の回収をする努力に，世論は好意を示すだろう。

しかし，私は迷っていた。そのような報酬分を回収することは，ほとんど不可能に近いということを認識していたからである。おそらく法廷での決着が必要となろう。役員のなかで，自ら進んで財務省に金銭を返還しようとする者はほとんどいない。裁判所に提訴しても，費用がかかるばかりで，うまくいく可能性が低いことは，よく分かっている。しかも，TARP支援以前に役員報酬を受け取った者は，法律にも規則にも違反していなかったのである。すばらしい法廷技術があれば，実効的かもしれないが，費用と時間はどのくらいになるのだろうか。そして，以前になされた報酬の決定について，口先だけで，後からあれこれいうことになるという考えに悩まされた。

ニール・ウォーリンだけが，私の関心事を分かってくれた。「注意してください。その時点では報酬を受け取る権利があった個人から，その報酬分を回収することに努める，などという仕事に財務省が関わるべきではありません。われわれが願っているのは，これらの企業がビジネスの第一線に復帰することであって，法廷で戦うことではありません」。

「回収」に関する私の権限のうち，「どの権限についても」私は行使しないと決めた。その代わり，特別管理人は新しい規則を起草し，TARPの資金援助を受けた企業に対し，新たな「一時停止条項」を認めるよう求めた。すなわち，企業が財務的に危機状態にあると認めるときは（規制当局が認定する），以前に締結された個別報酬契約の遵守を要求されることはない，というものである。「一時停止」は，その他の点では法律上の拘束力を有する，報酬契約上の債務について定められるものとする一方で，予期せぬ財務上の結果をもたらすときは，契約を全体として取り消すことができる。

このルールは，純粋に任意のものである。どの企業も，受け容れることを強制されない。しかし，私は，役員報酬に関する，なんらかのかたちの譲歩を議会に提示する必要があった。それは，政治的かつ実質的に議会を納得させるものであって，ウォール・ストリートに，もはや「日常」ではない，と示すもの

でなければならない。提案のような「一時停止条項」か，私の「回収」権限行使に代わるなんらかの手段がなければ，敵意をもった政治的反動，たとえば，ウォール・ストリートを標的とした新たな立法が成立して，事態をより悪化させることが予想できる。

　もちろん，「一時停止条項」に対して，任意に賛同する企業などない，ということは認識している。この考えは，契約の不確実性を助長するだけでなく，対象となっている企業を，競争上，かなり不利な立場に置いてしまうだろう。企業が必要とする人材が，彼らの「厳格に定められた」報酬契約には拘束力がなく，無効または取消を宣告される―しかも政府によって―などと知ってしまったら，このような人材を任用することが困難になってしまう。

　今日まで，特別管理人の「一時停止条項」を承認した企業はない。しかし，依然として私は，長い目で見れば，アメリカ企業社会にとって有用な考えだと思っている。議会，連邦規制当局，あるいはアメリカ企業社会全体が私に賛同する，などということを期待しないでもらいたいだけである。

＊　　＊　　＊

　役員報酬に関する特別管理人の決定が，今後も持続的な意義を有するのか，有するとすればどの範囲なのか，という問題に答えるのは時期尚早であるが，私は懐疑的である。
　一つには，関心が薄れた，というのがある。2011年半ば頃まで，一般の不満の目は，世界中のいろいろな都市で展開されている「オキュパイ（占拠）運動」[68]にあてられ，それは，企業の構造，事業のやり方，公共政策に対する影響力や収益の手段について，大きな変革を要求するものであった。収入の格差

68）　公的資金による金融機関の救済，富裕層への優遇措置への批判，格差の拡大に対する不満から，2011年9月17日，1,000人程度ウォール街に集まったのが「ウォールストリートを占拠せよ」運動の発端となった。

を問題とするオキュパイ運動にもかかわらず，議会，世論およびマスコミの関心は，財務省の特別管理人室から，私の後継に任命されたパトリシア・ジョーヘーゲン[69]に移ったようだ。彼女は，引き続き，彼女の管轄下にある残りの4社，AIG，クライスラー，GMおよびGMの金融子会社Allyの役員報酬パッケージについて決定していくことになる。

　これは，私にとって，驚くべきことではない。自由放任な資本主義と自由市場の圧力だけが，役員報酬を決めてきたのである。決めてきたのは，議会でも行政部門でもない。政府機関である財務省とFRBが私に明確にしたのは，私が政治ショーの仕事をしていて，現実よりも象徴的に政策を実行し，その焦点は，7社と175人の役員に限られていた。金融・経済改革の真の仕事は，どこか別のところで進められていた。たとえば，ドッド＝フランク法，連邦規制当局やG20といったところである。株主に役員報酬に関する新たな権限を与えるコーポレート・ガバナンス改革は，今やドッド＝フランク法によって必須とされた。さらに，SECは，透明性確保の観点から，役員報酬に関する内部意思決定が開示され，開かれた議論の対象となることを推進している。また，FRBとFDICも，われわれが財務省で要求したものとほぼ同じ内容の，役員報酬に関する原則を定めた。最後に，ガイトナー長官自身が主導して，G20首脳に対して，役員報酬に関する同様の規制を課すように求め，これによってアメリカ企業が競争上不利な立場におかれないようにした。

　結論の一つは明らかである。すなわち，アメリカ企業社会が，将来の報酬に関する方針決定の指針として，役員報酬に関する私の決定を進んで受け容れることを誰も期待していない，ということである。金融業は過去に，強欲だとの世論の怒りに対し，待ちの戦術をとり，政治的な嵐が止むまで，頭を低くしていた。少なくとも，政府が企業の内部意思決定に関する規制を微修正するまでは，時間はウォール・ストリートの味方だった。レーガン政権の後にも続いた規制緩和の哲学に加えて，役員報酬が問題となったときにも，アメリカ企業が

---

69) Patricia Geoghegan. クラバス・スウェイン・ムーア事務所に33年間勤務した後，ファインバーグの後任として，2013年，財務省指名の特別管理人に就任した。

増長していた理由を知るのは容易であった。ウォール・ストリートのほとんどの関係者にとって，7企業のみが，財務省の介入を受けなければならなかっただけで，そのような政府の介入は，自分たちには関係がないと見なしていた。たしかに，彼らの言い分はおおよそのところで，当たっている。

公益に関する私の任務の多くと同じように，企業の役員報酬を規制しようという議会の判断は，常識外れのものである。政府には，私的な報酬を決定する習慣はないし，そうすべきでもない。TARPによる救済，金融システム崩壊のおそれ，ウォール・ストリートに向けられた世論の怒り，といった状況では，政治的には，前例のない，政治的対応をするほかない。

175人の役員に対する報酬の制限は，当初の企図通りに機能しただろうか。それは，われわれが当該プログラムを設定した目的に依る。

「信頼できる政府」論者が要求するように，納税者の資金を節約することができたのだろうか。否，である。役員報酬の制限は，すでに当該7企業に提供したTARP融資を減少させることにはならなかった。役員に対する，より少額の報酬パッケージによって，企業の収益が改善したとすれば，最初にTARP法案を成立させた立法者が意図したように，そのような報酬制限が，金融システムの強化にとって，控えめであっても，重要な役割を果たしたことになろう。

TARPは，ウォール・ストリートのインセンティブ型報酬構造に対し，継続的な影響を与え，役員たちが，個人的に大きな利益を追求するために，過大なリスクを負担する可能性を減少させたのだろうか。おそらく，否，である。とくに金融業は，そのボーナスの仕組みを大きく改革しようとはしなかった。市場の圧力と減少した収益が，ウォール・ストリートにおける役員報酬を減らすことにつながったことで，いくばくかの影響はあったが，その報酬額の減少は，むしろ特別管理人の仕事の成果に帰せられるべきものである。

前述したように，「一時停止条項」を任用契約に挿入するとの提案は，どの金融サービス業も採用していない。企業の役員が，利益のためにリスクを取ることを，任意に制限しようと判断するには，その前により大きな崩壊の危機が

生じる必要があると思われる。
　「大金持ちの」銀行家が得た過剰な利益に世論の怒りが向けられたが，そのような政治的な問題を，このプログラムは沈静化させたのか。表面的には，イエス，である。このプログラム自体も，救済対象企業の175人の役員に対する報酬パッケージも，私が当初期待したような，その是非をめぐる喧々諤々の論争を引き越すことがなかった，という範囲にかぎれば，そのとおりである。
　象徴的な現象が現れてくるにつれて，この法律の実効性が認められてくる—それこそが，まさしく議会の意図したところであろう。

第6章

メキシコ湾岸地域原油流出事故
──パーフェクト・ストーム[70]──

　ベトナム枯葉剤事件，9.11同時多発テロ，バージニア工科大学銃乱射事件の被害者のために，「誰がいくら受け取るのか」を決めるという私の最初の任務においては，アメリカ社会が私の側に立ってくれた。このことは，成功を収めるという意味において，かなり重要なことである。被害者が，私の行ったことが公平公正に適うものであると，渋々ながらも理解するには，数ヶ月，いや，数年もかかるだろう。しかし，平均的市民，つまり，一般のアメリカ人は私の味方でいてくれた。私が財務省のペイ・ツァーであった時でさえ，ウォール・ストリートの大企業をコントロールしようとする戦士として，一般市民からの支持を得ることができた。これによって，議員や事件の利害関係者からの批判を，ある程度かわすことができた。
　しかし，私のした仕事を国民が賞賛してくれなかったらどうなっていたのだろうか。これまでに例を見ないアメリカの悲劇によって，「誰がいくら受け取るのか」を決めるという私の権限に異議を申し立てるような，特定の利害関係集団を生んでしまったらどうなっていたのだろうか。
　もし，ベトナム枯葉剤事件，9.11同時多発テロ，バージニア工科大学銃乱射事件の補償基金プログラムの根底にあった愛国心や一般市民の共感がなかったらどうなっていたのだろうか。

---

70) 2000年制作のアメリカ映画のタイトル。「パーフェクト・ストーム」は複数の厄災が同時に起こって破滅的な事態に至ることを意味し，リーマン・ショックなどにも比喩的に使われている。

もし，引き金となった悲劇を起こしたのが，外国人テロリストや精神を病んだ武装犯人ではなく，または規制が行き届かなかったために，方向性を見失った金融市場でもなく，今なお巨額の利益を上げている有名企業が引き起こしたものであったとしたら，どうなっていただろうか。

　もし，数ヶ月もの間マスコミの報道がその悲劇一色になったことにより，日々アメリカ国民が事態に進展のないことを目の当たりにし，世論の怒りに油を注ぎ，処罰を求める声に火を付けたとしたら，どうなっていたのだろうか。

　もし，連邦・州・地方の選挙で選ばれた政治家が，その悲劇を自分の点数稼ぎの機会と捉え，賠償の要求を通じて，有権者に公約と忠誠を改めて誓ったとしたら，どうなっていたのだろうか。

　もし，損害賠償請求の大部分が，その原因を死や傷害とするものではなく，仕事や賃金を失ったこと，事業収益の減少や損失を算定することや証明が困難であったとしたら，どうなっていたのだろうか。

　もし，これまでの補償基金プログラムの成功に貢献してきた弁護士が，伝統的な訴訟制度に代わるいかなる迅速な補償基金プログラムにも異を唱えたとしたら，どうなっていたのだろうか。

　もし，そのような補償基金プログラムを設計し，実行するために選任された特別管理人が，問題を起こした企業自身が構築した補償基金プログラムを採用していたとしたらどうなっていたのだろうか。

　もし，特別管理人が，新しい補償基金プログラムの設計・管理を無償ではなく，報酬を得て行うことを決定していたらどうなっていただろうか。そして，もし，その報酬が悲劇に対する責任を認めた当の企業から支払われていたとしたら，どうなっていただろうか。

　そしてまた，もし，われわれがこれまで経験した事件よりはるかに申請件数が膨大で，その内容も複雑であることによって，連邦政府と加害企業との間で交わした完全賠償の合意を維持することが不可能ではないにしても，非常に困難になったとしたら，どうなっていただろうか。

　これらすべての困難を乗り越える新しい補償基金プログラムを一から作り上

げることは，どんな人が特別管理人になったとしても前例のない挑戦となるだろう。「誰がいくら受け取るのか」を決定する際に，特別管理人は制度の運命を左右する「パーフェクト・ストーム（最悪の事態）」に立ち向かわなければならない。そのためには，能力，創造力，自信，根気，そしてなによりも批判に対して率直かつ果敢に対峙するための準備が必要である。

＊　　＊　　＊

　すべては，メキシコ湾で始まった。

　2010年4月20日，トランスオーシャン社が所有し，ブリティッシュ・ペトロリアム社（以下「BP」という）が運営するディープウォーター・ホライズンという原油掘削施設が爆発し，7人の掘削作業者が死亡し，数百人が負傷した。そして，何百万ガロンもの原油がメキシコ湾に流出した。世界中の人びとが生中継でその一部始終を見たように，水深5,000フィートの地点で損傷した油井から原油が流出した。損傷の程度が重大で，海中の深いところで漏出が起きたため，BP，沿岸警備隊ともに，すぐに噴出口を塞ぐことも，原油の流出を止めることもできなかった。12週以上にわたって，原油が海面に広がり続ける一方で企業と政府は，被害を封じ込めるために必死に絞り出した策をあれこれ検討していた。

　メキシコ湾において水深数マイルの深海掘削を可能とする技術は，あまりに複雑すぎて，前代未聞の環境被害に直面し，克服しようとする政府や企業の能力をはるかに凌駕していた。海流に乗って，幅数マイルの黒々とした分厚い油膜が広がり，メキシコ湾内の海水と沿岸地域を汚染した。その範囲は，フロリダ州ペンサコーラからアラバマ州モービル湾，ビロキシに近いミシシッピ州の海岸線からルイジアナ州の漁場，そして，ガルベストンに近いテキサス州の海岸にまで及んでいた。

　この出来事は，世界中で新聞の一面を飾った。新聞やテレビは，事故の規模と甚大さを強調し，BPと湾岸警備隊が示す無能さに対し，厳しい批判を次々

と浴びせた。アメリカ人にとって，BPは，安全性よりも利益第一に企業活動を行っていた外国企業として，社会の第一の敵となった。トランスオーシャン社，ハリバートン社，アナダルコ社等のパートナー企業と共に，BPは世論という法廷において，審理にかけられ，有罪を宣告されたのである。一方，ケーブルニュースのコメンテーターたちは，メキシコ湾での事故はハリケーン・カトリーナの時[71]よりもひどく，原油掘削施設の爆発は，天災ではなく，企業の無謀な利益追求に原因があるとした。一般市民は，これに恐怖を覚えると同時に，納得した。そして，ケーブルテレビの評価は急上昇した。

　これらの企業は，すぐに，責任を押し付け合うことになった。BPは原油掘削施設の所有者であるトランスオーシャン社を非難し，今度はBPとトランスオーシャン社が，掘削施設のセメント工事を担当したハリバートン社を非難した。掘削施設の建設や運営に関わった他の企業は，過失があったとして責任を問われた。他方で，原油の流出を止めることのできなかった政府は無能であるとの主張は，ハリケーン・カトリーナの悲劇と，ニュー・オーリンズの住民たちの悲惨な状況への連邦・州・地方政府のお粗末な対応を思い出させた。

　世論は，行動と説明を求めた。

　誕生して間もないオバマ政権は，攻撃的な姿勢をとらざるをえなかった。損傷した掘削施設からの石油の噴出が続いているにも関わらず，オバマ大統領直々にBPの幹部をホワイトハウスに呼び出し，秘密裏に指示を与えた。その会合が終了する頃には，BPの代表は一連の大惨事を招いた原因がBPにあることを認めた。それだけでなく，大統領の強い要望により，これは後にゴリ押しといわれることになるのだが，BPは，法的責任は認めないまま，原油の流出により人身被害を受けた者，経済的損失を被った個人および事業者すべてに対して支払いを行うための200億ドルの補償基金を設立することを公式に合意した。

---

[71]　2005年8月末，アメリカ南東部を襲った大型ハリケーンの名称。1,800人以上が死亡，130万人が避難したといわれている。被災者への救援が困難をきわめ，当時のブッシュ政権の対応に非難が集まった。

これは，アメリカの歴史においても，前例のないものである。新しい法律もなく，議会の公聴会もなく，正式な行政規則もなく，裁判所の決定もないまま，ただ大統領によって形成された私的な合意をもとに，BPが履行し，司法省が監督するというものだった。BPと司法省が署名したエスクロー契約によってこの合意が担保されることとなった。世界の石油メジャーの一つがいとも簡単に補償請求の業務を行うことに合意したのだ。

なぜこうなったのだろうか。BPは安全策として，裁判で対応することも容易だったはずである。そして，数十年に渡って訴訟を継続し，一切の法的責任を否定し，弁護士に多額の報酬を支払い，原告には一銭も渡さない，ということもできたはずである。アラスカでのエクソン・バルディーズ号原油流出事故[72]においては，上記とまったく同じ戦略に則って，20年もの間，訴訟が継続した。

しかし，BPはBPなりの理由があって，こう判断したのだ。一つには，BPの役員は，かつてない規模で，かつ深刻な影響を伴うかたちで会社の評判が急に低落するリスクに直面していることを認識していた。メキシコ湾の広大な範囲に及ぶBPの掘削作業には，連邦政府の許可が必要であった。政府と争う姿勢を見せることは，結局は高くつくことになる。とくに，有権者が憤慨しており，犯人探しをしている時はそうである。

理由のもう一つは，大統領からの提案であるにも関わらず，合意の内容がそれほど一方的なものではなかったことである。終わりの見えない訴訟を数十年続ければ，企業の財務状態の見通しが立たず，それはアメリカの司法制度の予見不可能性によって拡大することになろう。掘削施設の爆発によって，BPの

---

72) 1989年3月，5,300万ガロンの原油を積み込んだバルディーズ号がアラスカ沖で座礁し，1,100万ガロンの原油が流出した事故。座礁した場所が，アラスカ・プリンス湾の僻地で，対応が困難であったため，被害が拡大した。エクソンに対する訴訟では，1994年に，2億8,700万ドルの損害賠償と50億ドルの懲罰的損害賠償を認める判決が下されたが，エクソンがこれを不服とし，原油流出の原因が事故であって，同社に過失はないこと，すでに原油除去作業の費用として20億ドルを計上していることなどから，繰り返し異議を申し立てている。

株価は暴落した。BP首脳陣もよく知っていた通り，メディアの金融専門家たちは，BPの破産申立の可能性を指摘した。投資を検討していた投資家は，新たな原油掘削事業への投資を控えるようになった。エクソン・バルディーズ号原油流出事故に倣った訴訟戦略は，悲惨な結果をもたらしていた。

BPは，訴訟戦略の代わりに他の方法をとった。公表された200億ドル拠出の合意によって，請求申請の処理手続きを私人が管理するという点でユニークな仕組みを創設することになり，それはすべての潜在的な訴訟当事者に対し，訴訟による紛争解決の遅延防止と，補償金の早期給付という選択を提供したのである。

200億ドルの補償基金を確保したと公表することによって，BPは，トランスオーシャン社，ハリバートン社といった，エスクロー契約の当事者ではないが，被告となる可能性のある他の企業との間で，最終的な負担割合の算定は後で行う旨の合意を形成しつつあった。この負担割合の決定は，裁判上または裁判外においてなされることとなる。この時点で，BPは訴訟を見越して，その影響を最小限に抑えることを直近の目標に置いたのである。こうして，原油流出の被害者に対する補償金の支払いが最優先事項となった。

BPの経営幹部は，エクソン・バルディーズ号原油流出事故後に制定された連邦油濁法[73]の与える影響も検討していた。この複雑な法律は，原油流出の後，責任を負うべき石油会社に対し，請求手続を促進し，適格性を有するすべての補償請求に対して誠実に履行することを求めている。被告企業間での責任割合については，後に決定される。油濁法は国内法であり，BPは同法の下で発生する法的責任について留意する必要があった。

これらの理由から，BPの判断は，十分に情報が提供された上で，自社の事業上の最善の利益に基づいてなされたものであった。それは，テキサス州ジョセフ・バートン下院議員が「脅し」だと非難した大統領の思惑からは大きくかけはなれたものであった（もっともオバマ大統領自身はバートンの批判を名誉

---

73) Oil Pollution Act of 1990. 油濁に関する包括的な防止，除去，責任，填補，そして制裁のスキームを制定した。

のしるしと受け止めていたようであるが)。

　しかし，流出によって害された被害者全員に補償を実施するということは，今までどの企業も直面したことのない挑戦であった。

　メキシコ湾岸地域に居住し，事業を営む，原告適格を有する者の数が膨大になるうえに，請求の理由や内容についても，個別に検討する必要が出てくる。ベトナム枯葉剤事件や 9.11 同時多発テロ，バージニア工科大学銃乱射事件などとは違い，今回の事案においては，原油流出事故によって職を失った個人や，営業を続けられなくなった事業者の逸失利益を算定しなければならなくなる。死亡や傷害を除く経済的損失が焦点となるだろう。掘削施設の爆発や，その後の原油流出によって，家族を失ったとか，傷害を負ったと主張する個人の数はそれほど多くはならないであろう。

　さらに，証明の問題がある。原告が単純に損害を主張するだけでは不十分である。損害を主張する個人や事業者は，少なくとも納税申告書，業務記録，損益計算書，小切手帳，給与明細といった，損害を立証する証拠を提出することが要求される。単に主張するだけでは不十分で，請求に対する支払いは，その証拠があってはじめて認められる。しかし，その証明基礎をどのように明確にするのか，そしてどの程度必要とするのか。補償金の支払い基準も示されており，その算出方法も示しておくことは可能だが，個々の補償金額については個別具体的に検討する必要がある。

　BP はその検討をする立場にはなかった。同社は，提案された補償基金の仕組みのすべてを細部にいたるまで管理するという専門知識もなければ，そんなつもりもなかったからである。そして，エスクロー契約は，個々の請求の審査には BP にも行政にも関わらせず，独立した請求審査の手続きを想定していた。それは賢明な選択であったといえる。もし，政府がそのような枠組みを管理するとなると，個々の判断には大きな政治的リスクが伴ったであろう。

　唯一の解決策は，原油流出の被害者に対し，完全な補償を行うために，独立した組織を新たに設立することであった。一方で，油濁法が定める会社の責務に基づいた BP の立場に立ち，他方で，個々の請求を審査する段階では，BP

も行政府も関与させないという点で，他に類のないハイブリッドな請求処理手続きになるものであった。この二本立てのアプローチは，政策立案者が今まで考えもしなかった新しいものである。しかし，メキシコ湾岸地域の環境被害の甚大さと，ハリケーン・カトリーナの時の災害救助をめぐる政治状況から，BPと行政府は新しいシステムを採用せざるをえなかった。少なくとも理屈のうえでは，被害者のすべてが利益をえることができるのだ。請求適格のある者は，何年も続くであろう訴訟を待つことなく，直ちに補償金を受け取ることができ，BPはエクソン・バルディーズ号原油流出事件訴訟の悪夢の轍を踏まずにすむ。新しい運営組織は，国民の税金を用いることなく，被害者に補償するための200億ドルもの私的な基金を周到に準備することで，高い評価を受けることができる。

　しかし，これらの目的を達成することは容易ではない。このエスクロー契約は，請求処理手続きを管理する者の選任を求めており，この管理人にはこの業務を遂行するのに足りる相当の政治的知見を有することが必要とされる。この管理人は，請求の認否の過程で必然的に生じる批判と悪罵にも耐えうる強靱な精神の持ち主でなければ務まらない。

　流出事故の1ヶ月後の2010年5月，私はワシントンDCにおり，有名なアーノルド＆ポーター法律事務所のトーマス・ミルチ代表弁護士[74]からの電話を受けた。ミルチは，環境分野を専門とする一流の弁護士で，全米でよく知られており，高い評価を得ている。数年前，その事務所が9.11事件の被害者の代表を務めた際に，ミルチと私は一緒に働いたことがある。そのとき，私は，彼の法的知識と細部までこだわる様子だけでなく，思慮深い振る舞い，適切な判断に感銘を受けた。彼は適当に仕事をこなすタイプではなかった。というのも，彼は難解な法律問題を解決することに楽しみを見いだすタイプであり，プレッシャーのなかにあっても，冷静に，つねに創造的な解決策を探し求める思索家でもあったからである。彼が米国有数の法律事務所で代表を務めているこ

---

74) 弁護士数800以上を数える渉外事務所で，ミルチ弁護士は，環境部門の長から事務所全体を統括する立場になったようだ。

とは，決して偶然ではなかった。

「ケン，私は，今回の流出事故の処理のためにBPに指名された。知っての通り，BPは，メキシコ湾原油流出事故の補償金その他の支払いを行うために200億ドルを用意することに同意している。だが，それを実行する人間が必要なんだ。だから，君を推しておいたよ。そうしたら，ヒューストンのBPの幹部が興味を持ったみたいだ。すでに補償金支払いが始まっているが，彼らは信頼できて，独立した管理人と補償基金プログラムを必要としており，それらが補償金支払い業務を引き継ぐ。この仕事に興味はあるかい」。

私は，強い関心を有していることを伝えたが，私の9.11犠牲者補償基金のときの経験がすべて，今回の事案で役に立つとは限らない旨を伝えた。「死亡に対する賠償請求ではなく，営業活動に対する損失の補償を求める者が何千と来るだろう。弁護士ではなく，会計士が必要なのだ。もし，BPが私を必要としているのなら，ぜひお受けしたい。ただ，このプログラムがすでに決定されたことなのかだけ確認してくれないか」。

ミルチからは彼らしい答えが返ってきた。「まだこちらでやることがあるので，少し待っていてくれ」。

2，3週間待ったが連絡はなかった。その後2回目の電話があり，私たちは，ミルチの事務所で2人だけで会った。すると，「BPは興味があるそうだ。相手方は推薦状を要求している。そして，補償基金プログラムの承認が必要なことも忘れないでくれ」とミルチは言った。

推薦状の準備は容易であった。私は，ジャック・ワインスタイン判事，ジョン・アシュクロフト司法長官，バージニア工科大学のチャールズ・スティガー学長，そして，財務省のニール・ウォーリンに推薦状をお願いした。次のステップは，ヒューストンに行き，BPの役員に会うことであった。ミルチの計画は，彼の性格をよく表していた。つまり，計画は冷静に熟慮されたもので，一つ一つの手順を踏んでおり，彼の自信がうかがえるものであった。彼は明らかに，ゲームの結末を見据えていたし，そこにたどり着くまでの方法も知っていた。

BPの役員とはヒューストンで2回，ワシントンで何度か続けて，また，ロンドンのBP本社とのビデオ会議システムを通じて顔を合わせた。参加者は，BPの新CEOのロバート・ダドリー，法務担当役員のルパート・ボンディ，北米BPトップのラマール・マッケイ，資源開発部門担当副社長のギア・ロビンソン，中心的な社内弁護士のジャック・リンチおよびマーク・ホルスタインであった。そして，BPの取締役会会長であるカール・ヘンリック・スヴェンバーグもまた，私のワシントン事務所をわざわざ訪れて，私を品定めし，補償基金プログラムの設計・運営に関する私の計画を直接聞いた。彼は，その後ロンドンに戻って，取締役会でそのことについて説明することになっていた。ミルチは様々な意見を整理し，計画の実現に向けて調整を行っていたが，BPは注意深く，辛辣で，慎重であった。

彼らは多くの質問をしてきた。なぜ，ファインバーグなのか。彼は，どの程度の独立性を有しているのか。この制度や原告の弁護士からどの程度恩恵を受けるのか。補償基金プログラムの創設や，個々の請求の審査にあたって，BPは何を提供しなければならないのか。ファインバーグの補佐をするのは誰なのか。補償基金の組織構成はどのようなものになるのか。それはどの程度の費用や時間がかかるのか。これらの質問は，決してけんか腰のものではなく，むしろ友好的で，的を射たものであったが，その後数週間にわたる長時間の議論の契機となった。

私は，補償基金プログラムがどのようなものになるのかということに対して，腹案を示した。ミルチは私にこう注意した。「ケン，押し切ったり，話を進めたり，論争してはだめだ。BPを教育することが目標なんだ。私達のアイデアになじんでもらわなければならない」。

彼は正しかった。BPが私や補償基金プログラムのアイデアに理解を示すのに1ヶ月かかった。BPが私の推薦状の提出を求め，内部で議論を重ね，他の候補者を検討している間，ミルチは私に継続して情報を提供してくれた。最終的に，6月，彼らは私をメキシコ湾岸地域被害者補償基金（Gulf Coast Claims Facility. 以下「GCCF」という）の特別管理人に指名するとの判断にいたった。

エスクロー契約の一当事者が合意しただけであるが，ミルチの基本構想は成功を収めたのであった。しかしなお政府の承認も必要であった。

　しかし，選任手続きが時間をかけて慎重に行われたが，オバマ政権は直ちに最終的な承認を行った。ファインバーグ以上の人材がいるのだろうか。テッド・ケネディー議員の首席補佐官を務めたことがあり，ウォール・ストリートのペイ・ツァーとして財務省の尻ぬぐいをしたこの私を措いて。私には経験があった。あちこちで起こる惨事にもなんとか踏みこたえ，200億ドルの取り分を声高に求めるメキシコ湾岸地域の住民に対応するのに，政治的な非難の嵐に立ち向かう気が私にありさえすれば，政府はそれでよいのだ。私は，政府側のキーパーソンであるトム・ペレリ司法副長官と彼の法律顧問のブライアン・ホークに一度だけ会った。彼らは，ミルチと同じ性格を示して，直ちに協力を約束した。彼らは友好的で落ち着きがあり，自信もあった。そして，私がBPに受け入れられたことを素直に安堵した。ペレリは次のように言った。「私たちから多くを話す必要はないだろう。これはあなたが設計し，管理するプログラムだ。私たちは細かいところまで口出しをする気はない。ただ，邪魔をしないかたちで監督するだけだ。幸運を祈る」。

　彼の言いたいことははっきりしていた。つまり，私は，原油流出の政治的な余波に対応するのに，司法省やホワイトハウスからの支援は何も期待できないということである。実際その通りになった。約2年かけてこの仕事を成功裏に終えてはじめて，ホワイトハウスの賞賛を受けた。補償その他の費用を支払うためにBPから200億ドルを確保した手柄のすべては当然に政府のものとなるが，政府が欲しがる政治的評価はそれだけで，それ以外は私次第であったということである。

　幸運にも，GCCFの設計・運営するにあたっては，私は秘密兵器ともいうべき人物，副管理人カミーユ・ビロスの支援を受けることができた。私が最初にビロスを使ったのは，1978年，ケネディ上院議員の事務所の行政補佐官としてであったが，彼女がたんなる事務処理よりも，経営や組織運営にはるかに力を発揮することがすぐに判明した。賢明で，意志が強く，仕事は正確に行うと

いうゆるぎない決意をもったビロスは，1日16時間も働いて，これまでの私の特別な経験の間，ずっと私を支えてくれた。彼女は，馬鹿には容赦なく，自分と同じくらい高い仕事の質と業務倫理を他人にも求めた。彼女は，目標を極めて高く設定したが，そこへ至る道筋はちゃんと示した。彼女の出した結論には賛否両論あったが，誰もその取り組み方，献身的な姿勢，忠誠心には疑問を抱かなかった。彼女は，私の第一の副官で，GCCFの請求手続きを，日々組織・運営してくれたのである。そして，新しい補償基金プログラムが創設されるやいなや，彼女は，ますます責任感を強くし，弁護士や会計士とともに請求を審査し，補償の方法を提案し，BP，司法省双方と連携したのである。ビロスが話すことは，私が話しているのと同じだということを皆が知っていた。

　GCCFの管理にあたっては，他の3人にも協力してもらった。

　私の事務所のパートナーであるマイケル・ローゼンとは，彼がジョージタウン大学法科大学院を修了した次の日から私と一緒に仕事をしてきた（彼は私の優秀な教え子の1人であった）。彼は，アメリカ国内でも有数の交渉人・仲裁人の1人であり，彼の能力や戦略は，メキシコ湾岸地域の住民たちの代理人を務める，頑固で経験豊富な弁護士たちの対応をするのに必要不可欠となった。ローゼンは，どう話をまとめて和解を実現するかを知っていた。彼は，和解する準備のできたすべての弁護士に会った。

　素晴らしい手腕を持つジャクリーン・ジン弁護士は，子育てのため，パートタイムとして働いていたが，GCCFの実質的な法律顧問となった。ビロスと同様，ジン弁護士は9.11犠牲者補償基金をはじめとして，長い間私と一緒に仕事をしてきた。法律問題，戦略的な決定，外部の弁護士との調整については，彼女の判断を信頼していた。これもまたビロスと同様，彼女も自信にあふれ，遠慮なく自分の考えを私に述べた。時には，私の案が適切でなかったり現実的でなかったり生産的でなかったりする理由を説明してくれた。長年に渡って作り上げられた忠誠心によって，彼女は本音で話してくれた。私は，つねに友情や成熟した敬意に包まれた彼女の率直さを嬉しく思っていた。

　チャールズ・ハッカーもまた重要人物であった。彼は，プライス・ウォータ

ーハウス・クーパース会計事務所（以下「PWC」という）のパートナーで，GCCF が損害算定プロセスの監査を依頼した PWC 会計チームの責任者であった。私が 9.11 犠牲者補償基金の特別管理人であった時，PWC は会計処理および申請処理業務を提供し，素晴らしい仕事をしてくれたので，今回も協力願うのが順当なところであった。寡黙で控えめなハッカーは，9.11 犠牲者補償基金の最初の段階ではメンバーには入っていなかった。しかし，彼の会計士としての能力に匹敵するのは，補償申請手続き全体についての彼自身の戦略だけであった。ビロスと連携し，ハッカーは，ワシントンとメキシコ湾岸地域の双方において，GCCF の補償申請システムのインフラを運用するのに協力してくれた。

　このほか，GCCF 設立の成功に欠かせない企業が 2 社あった。バージニア州リッチモンドを本拠とするブラウン・グリーア社は，提出書類の評価や損害額の算定に使用する電子的な請求申請・審査システムの設計・構築にあたってビロスを手助けしてくれた。ニューヨーク州レイクサクセスにある，全米で広く知られた請求処理会社ガーデン・シティ・グループも，すべての請求書類の受入れを引き受けてくれることとなった。そして，電子的データベースの作成と，請求適格があり損害額を証明する書類を提出した請求者に対して支払小切手を振り出すこととなった。

　GCCF は 2010 年 8 月 23 日に始動する予定であったため，申請処理の流れを決め，初日から数千人単位での請求申請者を捌くことのできるインフラを整備するのに約 60 日の猶予があった。そもそもこれ自体が大きな挑戦だったのだが，私たちはすぐにこれまで経験したことのない複雑な問題に立ち向かうこととなった。

　これまでの事例では，実施中のプログラムがまだ存在しない状態で，補償申請のプロセスを設計すればよかったが，今回は，BP が先に始めていたシステムを引き継ぐこととなった。BP はメキシコ湾周辺に補償申請を取扱う 35 の地域事務所を設けていたが，そのいくつかは原油の流出があった場所から数百マイルも離れたフロリダ州のキーウェストやキーラーゴ等にもあった。それら

はルイジアナの有名な保険会社ワーレイ・カタストロフィ・レスポンス社によって運営されていた。1,300人以上もの損害査定人がメキシコ湾周辺に配置されており、彼らは、メキシコ湾周辺の住民や企業と、最前線で対応しており、自らを補償基金プログラムの成功には欠かせない存在であると考えていた。誠実さを示し、厳しい政治的な批判をかわそうと、ワーレイ社はすでに80,000人の申請者に対し、約4億ドルの支払いを認めていた。事故からの4ヶ月の間に、きちんとした基準にもとづかずに、金銭が交付されていたのである。損害査定人の損害算定手続きには、一貫性がなかった。

　私と私のチームが引き継いだ時、私たちはこれから起こりうる厄介ごとにぶつかっていた。それぞれの地域事務所は、最小限の指示を本部から仰いでいたものの、組織としては独立していた。損害査定人らは、即時払いを求める請求者に対して、その場で小切手を交付していた。損害の証明も、原油流出と因果関係のある証拠も、その場で判断されていた。請求者は通常、複数の地域事務所を訪れていた。もし、請求者がある地域事務所で請求が認められなかった場合、または、認められた損害額が予想よりも少なかった場合には、他の地域事務所を訪れて、結論が異なることもあるし、より満足の得られることもあった。

　この対応の違いを見て直ちに、私たちは、早急な対応が必要であると考えた。

　私たちはBPの分断されたシステムを本部からの指示と監督により統制されたものに変更した。35の地域事務所はそのまま請求者の請求を受け付ける窓口として機能するが、請求適格の認定、損害額の算定、小切手振出に関する事務所の権限は、8月23日をもって廃止することとした。ワーレイ社は引き続き、申請を行おうとする人を支援するため、GCCFと連携はするが、請求者はまたGCCFのウェブサイトやFAX、メールを通じて申請できるようになった。プロセスを無駄のないものにし、一貫性と公平性を確保するため、すべての請求者は、一括管理されたデータベースに登録され、ワシントンのファインバーグ・ローゼン事務所の上級チームが作成した新基準にもとづいて、必要書類が

そろっており，請求適格があることを審査することとなった。PWC の会計士は，事業者からの申請（比較的単純な個人の請求に比べてより複雑で多くの問題を含んでいた）のすべての審査・査定を担った。彼らはまた，とくに先例としての価値を有する，複雑な請求内容についても審査した。主張された損害は石油流出からどれくらい離れた場所で生じたのか。設立されたばかりの企業やベンチャー企業等の補償申請の認定にあたっては，どのような事情が結果を左右するのか。小切手はすべてシティ・バンクを支払人とするものとして，振り出された。シティ・バンクは，メキシコ湾岸地域のホイットニー銀行とハンコック銀行の支店と協定を結び，小切手現金化の権限を与え，個人の請求者を支援することになった。

　しかし，私は，BP のすでに行われていたプログラムを引き継ぐことに起因する問題を甘く見ていたようであった。申請者の期待に対処することには大きなジレンマがあった。原油流出の被害者は，新たなプログラムのもとでは，今までよりも多くの補償を受けられると期待し，現実にそのように求めてきた。GCCF は損害賠償について BP とは関係ないものではなかったのか。さらに GCCF は 200 億ドルもの，補償のための資金があるではないか。新しいプログラムによって，BP が賠償できなかった部分が補填されることになり，事実上，全員に請求適格があるのだと宣言されたようなものだというのはたしかである。メキシコ湾岸地域の人々は，証拠書類提示の要求は最小限に留まるであろうとの想定のもと，お金がどんどん貰えると考えていた。

　ビロスと私は，ワーレイ社の損害査定人を 35 ヶ所の地域事務所に配置すれば，より円滑に移行できると考えていた。しかし，私たちは間違っていた。ワーレイ社のそれぞれの地域事務所の権限を制限し，同社の従業員がその場で適格性を認定したり，損害を算定したり，小切手を交付したりすることを制限することにより，私たちは，不満やフラストレーションが生まれやすい環境を作り上げていたのである。地域事務所を訪れる請求者はもはや小切手を手に持って帰ることはできなくなったし，自身の適格性や損害について，その場で明確な情報を得ることもできなくなっていた。ワーレイ社の従業員自身も，新たな

GCCFシステムと私の運営チームに適応することに関して不満を漏らしていた。彼らは話を聞いてくれる人であれば誰にでもそのことを話していた。

私は最終的に，ワーレイ社やBPの請求申請システムとは無関係の，地域で有名な法律事務所の弁護士や，ルイジアナやミシシッピの請求申請を処理できるのが確実な者といった，メキシコ湾岸地域周辺の専門家たちの協力を得た。彼らは，不満のある請求者の対応にあたってくれた。しかし，問題はすでに起こったことであり，請求者たちの反感を解消するには数ヶ月かかった。

振り返ってみると，GCCFはBPの請求プログラムとは完全に縁を切るべきであった。それをせずに，請求者・従業員双方の不満を助長してしまったのだ。そして，不運にも，この状況は，手続きのいちばんはじめの段階，すなわち，傷つきやすく，関心のある市民が情報を求めて初めて地域事務所に訪問した時から始まっていた。

市民の期待が膨れ上がってしまったというこの問題は，数千もの請求適格者に対して，相当の補償金を提供するというたった一つの可能な方法によって徐々に解決されていった。プログラムの最初の3ヶ月で17万の個人と事業者に対して，24億ドルが支払われた。私は長年の経験から，補償基金プログラムの成功というのは，適格のある請求者に対して，金銭がきちんと手元に渡るということに始まり，終わるということを学んだ。それ以外はすべて憶測に過ぎない。GCCFは引き続き批判に晒されることになったが，このプログラムにより十分に補償を受けることができるということが，私の防御の最前線となった。

市民の期待との折合が必要なのは，私自身がGCCFの特別管理人として受け取る報酬をめぐる問題であった。BPから給料をもらいながら，私は会社から本当に独立しているといえるのだろうか。利益相反とはならないだろうか。

私のキャリアの中で初めて，自身の報酬に係る問題に向き合わなければならなかった。9.11犠牲者補償基金，バージニア工科大学ホキ・スピリット追悼基金，TARPプログラムといった今までの任務では，私は，まったく報酬を貰っていないという事実を公表することによって，原告や企業の役員たちからの批

判をかわすことができていた。公益弁護活動の一環として行うことによって，私は，結果に利害関係を有するという非難から免責されたはずであった。

　しかし，BPの原油流出のケースは違った。今回は，私は，ある程度の過失を認め，被害者の賠償のために数十億を準備した国際的な石油会社であって，世に知られた存在ではあるが，違法な行為をした者として，これに立ち向かわなければならなかった。数ヶ月，場合によっては数年にわたって，特別管理人としての業務に専念しなければならなくなった私は，感情的になっている被害者に会うためにメキシコ湾岸地域を転々としながら働いた。そして，GCCFの顔として，批判の矢面に立つことになった。この状況下なら，報酬を貰うことは，適切で正当化しうることであると結論づけた。私は，働いても何も得られないというのは嫌だった。

　それに，BP以外の誰が全体の計画に対して資金を提供できただろうか。プログラムに参加するための費用を，罪のない被害者に出させることは期待できない。同様に，連邦，州，地方公共団体にたとえ一部であれ，費用負担に同意するなどということはありそうになかった（むしろ，州政府と地方公共団体はBPに対して賠償を請求する立場であった）。そして，トランスオーシャン社，ハリバートン社など，他に可能性のある出資者は，このプログラムに参加することに興味を示さなかった。その他の企業とGCCFへの出資について複雑で激した交渉を始める程の時間の余裕はなかった。それは，新たな補償金支払いプログラムが完成して運用を始め，申請者が補償金の支払いを受けた後の話であった。とにかく早急な補償金の支払いが重要だと考えられていた。私の報酬も含め，GCCFのすべての金銭的負担を負うつもりがあったのはBPだけだったのである。そして，そうなるよう準備された。

　しかし，こうした合理的な論拠のすべてをしても，「BPから報酬を貰いつつ自身の独立性を主張するにはどうすればよいのか」という問いには答えが出なかった。そこで，私は，ワインスタイン判事のもとへ助言を求めて出向いた。いつものことながら独創的で思慮深い彼は，私のBPとの法的関係を精査し，承認してもらうために法曹倫理の専門家を雇うべきだと述べた。また，そ

の次の段階として，私が報酬を受け取ることは，状況から判断すれば妥当で適切なものである旨の，率直な法律意見書を，信頼のおける，著名な専門家に書いてもらうべきだ，と私に勧めてくれた。この2種類の書面によって，すべての批判から免れることはできないにしても，先々生ずる批判の大部分にはうまく対処できることとなった。

　まず私は，全米を代表する法曹倫理の専門家で，ニューヨーク大学法科大学院で教鞭を執るスティーブ・ギラース教授[75]のもとを訪れた。同教授は，BPとオバマ政権によって築き上げられた私とBPのユニークな関係を注意深く精査した。そして，教授は，詳細でいかにも学者らしい以下のような結論に至った。「GCCFの特別管理人として，君もファインバーグ・ローゼン事務所も，依頼人のために活動するわけでも，依頼人を代理するわけでもない。弁護士でない者も，非弁活動だと規定されている法律実務を行わなければ，GCCFの特別管理人を務めることは可能である。そして，もちろん，GCCFは法律事務所でもないし，実務を行うことについて許可を得た機関でもない」。

　「BPがGCCFの成功に強い関心を持っているからといって，君がBPの代理人や顧問弁護士になるわけではない。また，BPが君の報酬を支払っていてもこの点は変わらない。すなわち，弁護士に対する報酬の支払いは，それを支払う者との職務的関係性を示す証拠になり得るが，報酬の支払いは，代理人と依頼人という関係を構築するための必要条件でも十分条件でもない」。

　私自身の報酬に関する二つ目の意見をもらいに，私は，マンハッタン連邦裁判所裁判長を務めたことのあるマイケル・ムケイジー元司法長官[76]のもとを訪ねた。ムケイジーと私は，数十年前にともに連邦検察官補を務めた仲で，それ以来たまに顔を合わせることがあったが，どう見ても親密な友人であるとはいえなかった。そして，ワインスタイン判事が言及したように，彼のブッシュ

---

75) Stephen Gillers．ニューヨーク大学法科大学院教授。専門は法曹倫理，専門家責任など。

76) Michael B. Mukasey (1941-)．ブッシュ政権下で第81代司法長官（2007-2009年）。

政権での司法長官としての業績は，共和党議員からの批判をかわすのに有益であった。

今は私人として実務に携わるムケイジーは，すすんで私の報酬を精査し，正式な意見書の準備をしてくれた。彼は，すぐさま二通の意見書を書いた。一通目は，2010年10月に，BPが私の法律事務所に，月額85万ドルを，提供した法的サービスの対価として支払うという交渉をしたときのもので，二通目は，2011年3月に，BPが報酬を月額125万ドルに引き上げることに同意した時のものであった。ムケイジーは，どちらの場合も報酬の合理性を認めることができる旨，以下のとおり明確に記してくれた。

「ファインバーグ・ローゼン事務所は，今なお補償申請処理に関する経験，能力，評判において並ぶもののない存在であり，アメリカ史上最大規模の基金であるGCCFを管理運営することができる稀有な存在である……数字だけで任務の難しさを図ることはできない……つまり，当該事務所は，任務に対する適性という点において，他に類を見ないものであり，その任務は前例のないものである……以上の事情と，2010年10月8日付の意見書で述べた事情に照らして，2011年の報酬が月額125万ドルであることは妥当であると思料する」。

ギラースとムケイジーの意見書で，私の独立性に関して展開されていた議論がなくなることにはならなかったが，私がBPのただの提灯持ちではない，ということを示す，適切で信頼のおける証拠を示してくれた。私は，この二通の意見書をスーツのポケットに入れて持ち歩き，BPの手先であると避難された時に常に差し出せるようにしておいた。

私は，9.11犠牲者補償基金の管理・運営を通じて，有益な教訓を得た。それは，申請者と個別に，また，集会に直接引き込んで，じかに顔を合わせることの重要性である。対話集会型の集会は，ベトナム枯葉剤事件やホキ・スピリット追悼基金の場合にそうであったように，9.11犠牲者補償基金においても，そ

の成功には必須であった。しかし，この戦略をGCCFに適用すると，まったく違った結果が出てしまった。

　補償基金プログラム立ち上げ時につきものの遅れを取り戻すためには，メキシコ湾岸地域に出向いて，真っ向から批判に向き合うことが唯一の妥当な方法なのではないかと感じた。地元住民は，彼らの土地で，補償基金プログラムの代表者である私に会って話すことを期待していたし，その資格があった。彼らには，感情を吐き出し，批判し，議論し，要求し，嘆願し，損害の補償を求める機会が必要であった。私は，多くの申請者が，とても友好的であるとはいえない場に，私が登場することを喜ぶということを知っていた。批判で叩きのめされてしまったが，ルイジアナの漁師やアラバマのマンションの所有者やミシシッピのレストラン経営者と会うという選択をしたことで，ある程度の信用が得られただけでなく，賞賛をも得ることができた。

　GCCFプログラムの最初の6ヶ月間，私は，メキシコ湾岸地域をほぼ毎週のように訪れて，アラバマ，フロリダ，ルイジアナ，ミシシッピに住む，直接流出の被害を被った人々との対話集会を開いた。集会はどれも，2，3時間続き，私は1日に5，6回もの集会に参加することとなった。市から市，郡から郡へと旅芸人のように移動して，補償をするよう地元住民に勧めた。

　しかし，これらの住民，友人，すべての地方団体を交えての集会は，参加者の感情を沈めるどころか悪化させることになってしまった。集会を設けることで，権力と話し合い，個別の話し合いでは言いづらいことをまとめて要求するという各々の決意が強固なものとなった。声を大にした者が，多くの喝采と激励を受けていた。進展のあったことといえば，「集団で考える」ということとコミュニティの結束力が高まったということであった。

　それは興味深い現象であった。私は，ルイジアナ州の郡やアラバマ州の町，フロリダ州の市なども訪問した。500人の地域住民が出席し，学校や教会，または市役所の講堂がすし詰めになっていることがよくあった。まず私は，GCCFがどのように機能するのか，請求者はどのように申請を行えばよいのか，そして，損害の証明をどのように行えばよいのかということを説明した。

私のコメントは，いわば申請者が補償支払いを受けるためのマニュアルのようなものとなった。

それから，聴衆から質問を募った。最初の質問者は，流出事故によって生活がどう変わったかとか，先行きがどれほど不透明であるかといった不幸な悲しい身の上話を淡々とした。しかし，質問者が変わるにつれて，怒りと不満が増幅していき，15分以内に最高潮に達するのが常であった。「彼に賠償しろ！どうして彼女の話を聞かないんだ！　お前はただBPのために働いているだけだ！」といった罵声が飛び交うこととなった。そして，すべての人が，即時分配可能な200億ドルという獲物を見据えているのだった。

私は，スイカ割りのスイカのような状態だった。考え得るすべての批判は私に向けられた。それぞれの質問者は，最初はメモや図などを使って焦点のあった話をするが，すぐにどうして流出事故が離婚や家族の崩壊をもたらしたのか，または，人生の悲劇的な転換点となったのかということについての説明を始めることとなった。まるで質問者が，単に感情を吐き出す機会を求めているようであった。彼らは，私を通り越して，自分の隣人たちに直接語りかけるということがよくあった。

これらの批判は，徐々にパターン化し，対話集会に着く前から，私は，何を期待すればよいのか，そして，応答すればよいのかを知ることとなった。批判は，たいてい以下の5種類に分類できた。

- 賠償額の違い：「ファインバーグ先生，私の近所の方と私は同じレストランでウェイターをしています。彼女には2万ドルが支払われたのに，私には1万ドルしか支払われていません。何か私に不満でもあるのでしょうか。私のことが嫌いなのでしょうか」。私の回答：「あなたの近所の方は，前回の確定申告の際に，2万ドルを申告しているのに対し，あなたは1万ドルしか申告していません。あなたの所得以上の額を補償することはできません」。
- 請求の審査の遅延：「ファインバーグ先生，私は漁師です。私は，3ヶ月前に請求の申請を行ったのですが，まだGCCFから一銭も受け

取っていません。どうしてこんなに時間がかかるのですか」。私の回答：「なぜならあなたが申請を行った時，証拠として提出されたものが漁師の免許のみだったからです。つまり，あなたは流出事故に起因する経済的損失を証明するものを何一つとして提出していないのです。証明書類を送ってくだされば請求を処理いたします」。

- 透明性の欠如：「ファインバーグ先生，私は5万ドルを賠償額として申請したのですが，GCCFからはたったの1万ドルの小切手を送ってきただけです。私には理由が分かりません。GCCF側からは私に対して未だ何の説明もなされていません」。私の回答：「いえ，書面でも，あなたが地域の事務所を訪れた際も説明は行っています。しかし，その回答をあなたが気に入らなかったようです。つまり，回答内容を無視したまま回答者を批判しているのです」。

- 補償額への不満：「ファインバーグ先生，BPは私たちに『完全』賠償を行うことを約束しました。しかし，あなたはこれを守っていません。BPのために支給額を抑えようとしているのです。私は申請した額のたった1割しかもらえていません。あなたは支出を抑えた金額に応じて報酬をもらっているに違いありません」。私の回答：「違います。GCCFはできるかぎりの支払いをしています。数十億ドルというお金が今，請求適格を持つ方に支払われようとしています。しかし，あなたの請求は，その根拠が不十分であるか，将来の経済的成功に対する過度で楽観的な憶測に基づくものなのです。そして，私の報酬は賠償を受ける人の人数や賠償額とはまったく関係ありません」。

- 文化の違いに対する無配慮：「ファインバーグ先生，あなたはワシントンDCで仕事をされています。おそらく，ここでどのようにビジネスが回っているかということについて理解していないのでしょう。ここでは，代々，握手だけで十分だとされてきました」。私の回答：「メキシコ湾岸地域のビジネスカルチャーは独特なのかもしれません。しかし，私は，握手だけで補償金を支払うことはできません。私は，大

第6章　メキシコ湾岸地域原油流出事故　153

量の書類や証拠を要求することはしませんが，あなたの主張を裏付けるものを必要としています」。

　私に対する批判の大部分（すべてではない）は，悪意を持ったものではなく，今，自分たちの将来の生活が危機にさらされているという信念にもとづく真剣なものであった。彼らは，GCCFを経済的保障のライフラインと捉えていた。GCCFによる支払いによって，先が見えるようになるのだ。選挙で選ばれた政治家たちは，こうした選挙民の危惧や希望を利用していた。政治的なスタンドプレーと地域住民の不満との間には直接的な相関関係があった。
　アラバマでジョー・ボナー下院議員が，私を公の場で叱責したのはその好例である。「GCCFは惨憺たる失敗を犯してきた。改善の兆しが見えてこない。一貫性と透明性には未だに疑問が残る……完全賠償するという約束をして，現政権が作り出した化け物のようである」。ボブ・ライリー知事もこれに続いた。「ケネス・ファインバーグが設計・運用する補償金支払いプロセスは，今回の流出事件に対して責任を負うBPの最終的な責任を軽減するために，罪のない無力なアラバマ州の住民の請求を不当に操り，今回の事故に対して責任のあるBPの最終的な賠償責任を軽減使用としている」。オレンジ・ビーチのトニー・ケノン市長もこれに続いた。「ファインバーグはBPに対して独立性を有していない」。
　フロリダでは，知事選に出馬していたアレックス・シンク（前職は州の財務担当）が，接戦の選挙戦において，GCCFを格好の批判対象とした。「思うに，GCCFの規定は，流出事故という大惨事を起こした人たちのためではなく，それによって被害を被った人々のために書き換えられなければならない」。そして，辞任するビル・マッカラン司法長官も私に批判を浴びせ続けた。「ファインバーグによって先週の金曜日に発表された，緊急賠償手続きと補償額認定プロセスは，期待外れだ……そして，おそらく，賠償を求める被害者たちの妨げとなるだろう……私や他のメキシコ湾岸地域の関係者が，油濁法の要件を充たす損害賠償手続きの作成について，ファインバーグを支援する旨を何度も申し

出たにも関わらず,ファインバーグはこれをずっと無視してきた」。

ルイジアナでは,デイビッド・ヴィター上院議員が際立っていた。「もし私が,ルイジアナで空約束を見つけたら,メキシコ湾岸地域岸中にうわべだけの美辞麗句が広まっているということである」。しかし,私への批判に熱中するあまり,一年生議員のヴィターは,教科書に載っていそうな政治的過ちを犯した。ケネディ上院議員は,私に,選挙区の有権者へのサービスのイロハを教えてくれた。その「イ」に当たるのが,「すべての情報と問題の根本的な性質がわかるまでは,ある特定の有権者に対して公的な給付を行うことなかれ」というものであった。ヴィター議員は,この一番の原則を無視してしまった。彼は,ルイジアナ州の7人の住民について,その氏名を挙げたうえで,彼らの請求処理と補償につき,GCCFが失態を犯したということについての強い怒りを表明する手紙を私に送り,ただちに,報道機関に公表するとした。その内容は以下のとおりである。

「ルイジアナ州の住民と空約束をしたり,上院公聴会開催前に私と空約束をしたり,守秘義務を盾にしたり,対話集会での個人的な約束に意味はないとの事実を盾にとるために,当職の事務所に不完全なリストを送付したりしないでいただければ幸いです。

同封物:対話集会への懸念を示し,立ち上がった人々のリスト」。

ヴィター議員は,公然と私に挑戦してきた。幸運にも,私はデータを持っており,ヴィター議員が確認を怠った事実で抗弁することができた。私はすぐに,GCCFの職員に,この7人の具体的な請求の状況を見直すよう指示した。必要な情報で武装し,私は以下のような私自身の意見をGCCFのウェブサイトに掲載することによって,ヴィター議員に公開の場で返答した。

「ヴィター上院議員,私は,あなたの照会書に記載されていた7人すべての申請を再調査しました。申請者の個人情報についての守秘義務を遵守し

つつ，7 人の申請者についての照会に応えて，以下の通り，情報を提供します。

- ある申請者の個人向け緊急前払いが認められなかったのは，個人で行った申請が，同時に行われた企業向けの請求と重複しているためであり，企業向け請求についてはすでに支払いが行われております。加えて，提出された書類によって，申請者は給与所得者であるものの，緊急前払い期間中，給与の減額によって困窮したことはないということが証明されています。2011 年 1 月 6 日にこの旨の通知が申請者宛になされております。申請者の仮申請は現在審査中ですが，2011 年 1 月 31 日，提出書類が必要である旨，本人に通知しています。
- ある事業者は，2009 年の確定申告の総売上高の 2.5 倍の額の緊急前払いを請求しています。2010 年 12 月に申請者宛てにこの旨の通知が行われています。申請者のうち，事業主である母からの文書だけが添付された収入証明書を提出した方がいますが，提出書類に記載されている 2009 年の会社の総売上高を超える額が，一個人の収入としてその文書に記載されています。
- 照会書に記載されていたある申請者は，緊急前払いを請求し，すでに 100 万ドルの支払いを受けているとありますが，まだ会社の損害についての仮請求，本請求の申立ては行われていません。
- 照会書に記載されていたある申請者は，提出書類が足りなかったため，緊急前払い請求が認められませんでした。
- 別の申請者は，緊急前払い請求を申し立てましたが，その金額は，過去 2 年にわたって申告された収入を大きく上回るものです。そして，申請者は，GCCF からの賠償に必要な仮請求，本請求のどちらもまだ申請していません。
- 照会書において，ある申請者が，「最終的に請求総額 5 万 4 千ドルのうちの 1 ％の支払いを受けた」旨の記載がありますが，この申請者は，1 ％ではなく，13％の支払いを受けています。本請求の手続きを進め

るために，特定の書類の提出が必要であることは，2011年2月7日，2011年3月5日の両日に申請者に通知しています。
- 照会書に記載のあった別の申請者の請求が認められなかったのは，提出書類が不足していたからであります。申請者の確定申告書には，申請者の事業における役割（もしあるとすれば）について言及がないまま，職業は『主婦』であるとだけ記載されていました。申請者の夫から申請された額は，過去に漁業を通じて得た総収入の約250％に当たります。

議員……私は，申請者の前年度の収入証明書に到底一致しない額を支払うことはしませんし，書類が提出されていない申請に対して支払うこともしません」。

その後，ヴィター上院議員は，公の場でGCCFを批判することをやめた。

ミシシッピでは，接戦の選挙戦において再選を目指し，BPを提訴した訴訟弁護士たちのお気に入りであるジム・フッド司法長官が，批判を展開していた（そして，これは現在も続いている）。改善に向けたGCCFなりの努力はしたが，彼の批判を静めるには至らなかった。彼は，この議論全体を政治問題化すると決めていた。GCCF批判についても私に対する個人攻撃についても，関係者のなかでフッドの右に出るものはいなかった。かつて，彼は以下のとおり主張していた。「エスクロー契約において定められたレベルの透明性と独立した審査システムを構築するに至らなかったことが，請求者たちを混乱に陥らせ，申請処理の完全性に対する国民の信頼を傷つける結果となった。現時点では，世論はこの手続きを公正なものとは考えていない。ミシシッピの申請者たちによって突きつけられた苦情の数を考えると，真相の究明を行わざるをえない」。

フッドはさらに進んで，独自の対話集会を開き，GCCFに提出された個々の申請を再調査できる権限を正式にフッドに与えたミシシッピの請求者への支援を申し出た。フッドは，155人から権限を与えられ，すべての申請についての閲覧を要求してきた。そして，GCCFはこれに応じた。

私たちは，これらの155人についてその後フッドから何か言われることはなかった。

　幸いにも，公選されたすべての者がこの批判キャンペーンに乗ったわけではなかった。中には，自身の信念を曲げないものもいた。「ケン，大変な仕事を引き受けたな。私からの批判も賞賛も無視しろ。すべては政治的手段なんだ。本気にするな」と，少なくとも個人的には私を認めてくれた。アラバマのジェフ・セッション上院議員とリチャード・シェルビー上院議員，フロリダのチャーリー・クリスト知事とリック・スコット知事，メアリ・ランドリュー上院議員，ルイジアナのバディ・コールドウェル司法長官，ミシシッピのサド・コクラン上院議員とロジャー・ウィッカー上院議員はみな，私が前向きになるよう支えてくれたし，個人的に励ましの言葉をくれたりして，批判キャンペーンからは距離を置いた。

　しかし，とりわけ，ミシシッピ州知事のヘイリー・バーバーは勇敢である。流出事故後のメキシコ湾岸地域関連の復旧努力を検証する委員会における証言の中で，バーバーは，GCCFとその補償支払い業務についてコメントを求められる場面があった。GCCFに対する激しい非難とオバマ政権に対する根拠のない非難を期待していたが，委員たちは知事の答えに驚かされたに違いない。

　「私は実務からは離れていますが，一応，弁護士です。判事が，メキシコ湾岸地域賠償機関—名称はどうでもいいですが—とにかく，その機関は，BPから完全な独立性を有しているとは言えないが，法的・厳密にいえば問題ないという判断を下したことは知っています。GCCFの人間は良い仕事をしようとしていると思います。ミシシッピでは，そう多くの苦情は聞きません。彼らは，何か難しいことをやっています。基金について言えるのは，訴訟をしなければならないよりはましだということです。訴訟になったら，何年も何年もかかっても賠償金を手に入れることができないかもしれないし，賠償金が手に入ったとしても，弁護士がその半分を持っていってしまう。基金は完璧にはほど遠い。私がしていることのように完璧か

らはほど遠い。しかし，私は，訴訟という選択よりは良いと思っています。そして，申し上げたとおり，みんなが満足することができないという難しい案件を私たちは抱えています。しかし，私たちは，多くの苦情を耳にすることは殆どありません。そして，実際に賠償が行われています。ミシシッピの企業と個人に対しては，おおよそ3.4億ドル〜3.5億ドルが支払われています」。

これは，GCCFが困難な仕事をよくこなしているということが公に認められた，稀に見る喜ばしい例であった。

私はまた，ヴィター上院議員，コクラン上院議員，ウィッカー上院議員が連盟でオバマ大統領に送り，2011年初頭に報道陣に公開された意見書には楽しませてもらったし，感謝もしている。私がGCCFに関して多くの批判を受けていたにもかかわらず，議会が機能不全に陥っていた2010年に可決された新9.11被害者補償基金を設計・運営するために大統領から指名されたら，GCCF特別管理人の職を私が辞するのではないかと彼らは心配していたのである。彼らの意見書は，今までに私に向けられた批判の多くは不当なものであるということを暗に認めるものであった。何があっても，私に最後までやりとげてほしかったのだろう。内容は以下のとおりである。

「私たちは，最近可決された9.11健康被害救済基金の特別管理人にファインバーグ氏が選任されることが，GCCFの負担とならないよう求めます。もし，ファインバーグ氏が新9.11基金の特別管理人となるのであれば，彼のメキシコ湾岸地域に関する任務が完了してから話を進めていただきたい。最重要課題は，GCCFが規定された責任を完全に果たすことで，原油流出事故によって被害を受けたメキシコ湾岸地域の個人や企業が，十分なケアと賠償金を受け取ることです」。

個々の上院議員も報道発表を行い，以下のような意見書が公表された。

第6章 メキシコ湾岸地域原油流出事故 159

「私たちは，メキシコ湾岸地域のみなさんが公正な取扱いを確実に受けられるようしばしば戦わねばなりませんでした……ファインバーグ氏には，損害を被った人たちに完全に補償する機会を与えなければなりません」。（ウィッカー上院議員）

「公聴会での証言のなかで，任務を完了するまでは，この極めて重要なポストを離れることはない，という言葉をファインバーグ氏から明確に聞けないであろうことは残念であります。より多くの私の同僚がファインバーグ氏の留任を求めるなか，最後まで仕事をやり抜くことの大切さを氏が気づいてくれることを願っております」。（ヴィター上院議員）

「この段階で請求処理手続きの運営に干渉することは，挫折であり，また原油流出事故で被害を受けた人びとを支援する業務を不必要に妨害することになるのではないかと懸念しています……。大統領には，原油流出事故補償基金プログラムのもと，時宜にかなった公平な申請処理手続きにファインバーグ氏が集中できるようにしていただきたい」。（コクラン上院議員）

　結局，メキシコ湾岸地域を数ヶ月間にわたって何度も訪れた後に，私は訪問スケジュールを縮小した。数千の申請者に数十億ドルの補償金を支払うことでGCCFの誠意が証明された以上，これ以上対話集会を開くことは逆効果であり，請求する資格のない者や損害額の証明ができなかった者に公開討論の場を提供するだけのものとなることを知っていたからである。ワインスタイン判事の言葉がこれを最もよく言い表している。「補償金を払ったら，訪問するのはやめなさい。請求適格のある申請者にはもう支払ったのだ。他の適格のない申請者まで満足させることはできない」。そして，私の定期的なメキシコ湾岸地域訪問は終わった。
　私は，メキシコ湾岸地域訪問において，少なくとも一つの大きなミスを犯し

た。それは，できない約束をしたことである。これは，傷つきやすく，か弱い人々を相手にした補償基金プログラムを運営する際には絶対にやってはいけないことである。GCCFが始動して1週目の集会につぐ集会で，「GCCFは請求適格のある個人申請者には48時間以内，事業者には1週間以内に補償金をお支払いいたします」とばかげた公約をしてしまった。自業自得としかいいようがない。請求の量と複雑さを甘く見ており，私は，到底果たすことのできないことを約束してしまったのである。その結果，GCCFはすぐさま，守勢に転じることとなり，管理人自身が約束したにも関わらず，プログラムが始動してから最初の一週間は，予想されていた数千枚の支払小切手が，申請者のもとに届くことはなかった。私のヘマから立ち直るのに数ヶ月を要した。

　残念なことに，訴訟弁護士の支援と協力を確実なものにすることはできなかった。特に，ニュー・オーリンズのカール・バルビエール連邦判事が担当する大規模な原油流出訴訟の主任弁護士たちである。こうなってしまったことに驚きはない。9.11犠牲者補償基金の際は，数千件の訴訟について公益弁護活動が行われるなど，基金が最終的に成功をおさめるために訴訟弁護士が重要な役割を果たしたが，今回のBPの流出事故はまた別の話である。BPは，資力のある者を被告にする，古き良き時代の，容赦なしの訴訟にうってつけの標的であった。数十億ドルの懲罰的損害賠償と填補的賠償，そして数百万ドルの弁護士報酬が得られるという見込みが，天罰が下るのを望む，罪のない依頼人数千人を代理し，無謀な石油会社を公益の名の下に思うがままに動かしたいという弁護士の欲望をそそった。

　弁護士が巨額の弁護士報酬を得る機会を唯一邪魔するもの，それがGCCFであった。GCCFは，何十万人にも及ぶ原告となりうる者に，数十億ドルを提示することによって，訴訟に割り込んで来かねなかったからである。GCCFは，既存の不法行為制度に対する明確な代替手段であった。GCCFが請求者1人に補償するごとに訴訟が1件減った。したがって，GCCFは，訴訟弁護士たちの敵であり，法廷で決着をつけるという，アメリカの由緒正しい紛争解決方法に対する一風変わった代替手段であった。

したがって，弁護士の反発はもっともだが，弁護士報酬が理由のすべてではなかった。この私自身が，法科大学院で，対審構造，すなわち，弁護士がそれぞれの依頼人を弁護し，裁判官や陪審が結論を出すことで守られる法の支配を，神聖な儀式でもあるかのように見るように訓練されており，既存の司法制度と GCCF との本質的な対立関係を認識していた。新しい補償基金プログラムは，訴訟弁護士が学び，実務で行ってきたことすべてに対する侮辱にほかならないものであった。彼らは，その認識に忠実に，GCCF の考え方そのものに反対していたのだが，攻撃する相手を誤ったのだった。私は，オバマ政権と BP の間で締結された合意を履行したに過ぎない。弁護士たちの不満は，大統領と司法省に向けられるべきものであった。しかし，その合意内容を実現するために選ばれし者である以上，私は彼らからの激しい非難も覚悟していた。

　特別管理人に指名されてすぐに，私は，提訴の準備をしていた主要な弁護士数人に会い，GCCF はニュー・オーリンズでのハリケーン・カトリーナ災害復興の失敗に対するオバマ政権のある種の政治的回答で，訴訟弁護士を長期間おびやかすようなものではないこと，メキシコ湾岸で被害に遭った人の多くは，現実には訴訟を好むであろうことを説明した。

　しかし，私の申し出は，即座に拒絶された。弁護士仲間のなかでもリーダー的存在である彼らは，GCCF が彼らの法律専門家としての活動に対する脅威であるとして，容赦なく反論してきた。平和的解決など実現しそうもなかった。彼らは，GCCF そのものと，その誤解を解消しに来た私をも攻撃するつもりのようだった。

　私は，9.11 犠牲者補償基金の設計・運営で協力した 2 つの組織，アメリカ法律家協会[77]とアメリカ法廷弁護士会[78]にも支援を求めたが，これらの組織は，

---

77) American Bar Association. 弁護士等の法曹資格者で構成される専門職団体。1878 年設立で，現在 40 万人近い会員が入会している。その任務の一つに，ロースクールの認証評価事業がある。http://www.americanbar.org/about_the_aba.html

78) American Association of Justice. 前身は，Association of American Trial Lawyers で，2006 年に名称を変更している。いわゆる不法行為改革には反対の立場である。

「総論」では慎重に賛意を示したものの，会員弁護士たちは，意味のあるいかなる積極的な支援をも認めようとはしなかった。弁護士会は，葛藤を抱えていた。弁護士会としては，支援したがっていたし，私が信頼に足ることを認めていたが，その構成員からの批判をおそれて，弁護士による包括的な公益弁護活動プログラム等を提案することを躊躇していた。政治的風向きを見極めた後，最終的に支援を申し出ない方針を固めた。意見は言うが参加はしないということである。

　幸いにも，弁護士会は一枚岩ではなかった。数年あるいは数十年にわたると予想される訴訟をよしとせず，訴訟による解決を支持する内輪の集団からも距離を置く多くの弁護士が，GCCFと運命を共にしてくれた。彼らの多くは，弁護士会を裏切る者とのレッテルを貼られ，仲間うちからのけ者にされ，排除されることになった。彼らは，ニュー・オーリンズでの複雑な訴訟の計画に加わることも，訴訟を担当することもなかった。また，その訴訟から生ずる弁護士報酬の恩恵に与ることもなくなった。もっとも重要なのは，いったんエリート法廷弁護士のクラブから排除されると，原告を共同で弁護する場合に必要な弁護士同士の連携や，協力を要する継続的で複雑な訴訟において，好ましからざる人物とされたままになることであった。いったん孤立すると，その状況はずっと続く。これらののけ者たちは，私と会うといつも同じ話をした。もし，GCCFが請求者に対して十分かつ迅速な補償を行うことができれば，そのキャッシュ・フローが，GCCFが心底必要としている信用力をすぐに与えてくれる。しかし基金は，請求者からの信用を獲得しなければならない。「受け取ることができる補償金を，目の前に出してください」と言われたら，それは勝負の時だ。

　私はすぐに，彼らと，そして補償の申請をする者であれば誰とでも一緒に活動することを決めた。GCCFは，弁護士や申請者の決定において，いかなる弁護士や請求者のグループをも優遇することはできなかったし，そうするつもり

---

https://www.justice.org/who-we-are/mission-history

もなかった。申請の手続きを進めるにあたって，なにか偏向したところを見せてしまえば，GCCF の死を意味するからであった。

＊　　＊　　＊

　GCCF の活動を深く印象づける第一歩となったのが，補償金支払いの業務を開始してすぐに，驚くべき申し出を行ったことである。それは，「無条件に」適格を有するすべての申請者に対して緊急前払いを行うというものであった。2010 年 8 月 23 日から 11 月 23 日までの 90 日間，GCCF は適格性と損害を裏付ける証拠書類を提出したすべての申請者に即金で支払いを行った。申請者は，BP 等に対する訴権を放棄することなく補償金の支払いを受けることができたのだ。さらに，GCCF の補償金を受け取ったとしても，損害が継続していることを証明できれば，何度でも追加の一時払いを受けることを選択することができた。

　この緊急前払い措置（以下「EAP」という）は，事実上，前例のない贈与であった。このように，無条件で支払を行った，多数人に対する補償基金プログラムは，これまでになかった。大きく賞賛された 9.11 犠牲者補償基金においても，すべての申請者に，訴権放棄承諾書に署名することを求めた。しかし，EAP では，そうはしなかった。EAP の手続きを本題とは関係のない問題で滞らせるつもりはなかった。たとえば，トランスオーシャン社やハリバートン社といった他の被告との負担割合の問題，保険や租税先取特権の問題，弁護士の報酬の問題，等である。申請者に対する一括払いを実施する際，EPA はこうしたブービートラップになる可能性のある問題をすべて無視した。いったん補償金を受け取ったら，これらの副次的問題に対処すべきは申請者自身であった。

　EPA というのは，正当な公共政策である。メキシコ湾岸地域の被害者たちは，原油流出事故後数ヶ月，実際に，非常事態に直面した。われわれにとって，早期の支払いを妨げるような法的問題を検討するよりも，必要以上の金額を必要以上の早期に支払ってしまうほうがましだ，と考えていた。私は，第一

印象が成功の鍵だと認識していた。GCCF に対する信用は，はした金ではなく多額の現金が迅速に被害者の手元に渡ることにかかっていた。

　補償金支払いプログラムについて，今までの経験から学んだ一番の教訓は，「口先の約束よりも行動」というものである。EAP は，この信条を念頭に設計されたものなのである。

　しかし，私は，他の重要な教訓も熟知していた。それは，一度，請求申請者が補償金支払いプログラムに同意し，なじんでしまえば，申請者はそのままプログラムを利用し続ける，ということである。これは，補償金支払いには，「知らぬ神より馴染みの鬼」という微妙な心理を起こさせる側面があるからである。申請者は，伝統的な訴訟制度の長短をすべて理解している，と確信していた。それは日常生活のなかで培われてきたものである。しかし，彼らが，訴訟に代わる，まったく新しい補償金支払いの仕組みを受け容れるには，時間がかかりそうだった。EAP は，リスクやなんらの義務を負わず，新しい補償金支払いプログラムに問題がないかどうかチェックし，それに適応するための時間を彼らに与えるものであった。申請者に，たとえば，BP に対する提訴権の放棄といった条件を課すものではなかった。いったん，GCCF に補償金の支払いを申請し，金額と支払いの早さに満足すれば，さらに追加的補償を求めて，GCCF に戻ってくることになろうが，このときは，一定の条件が課せられることとなる。EAP は，補償金支払いプログラムの効果的な第一歩とするために設計されたのであり，その後の成功の基礎を築くものであった。

　BP の役員たちは，EPA を創設するという私の決定に異議を唱えた。彼らは，私が，GCCF の資金（つまり BP が拠出した資金）を使って BP を提訴するよう申請者を誘導しているのではないかと懸念した。しかし，私は譲らなかった。「ただ見ていて下さい。申請者たちがどのように反応するか，よく知っていますから。彼らに時間を与えることです。みなさんもそのうち分かりますよ」。

　EAP は，財政的にも政治的にも，大成功となるはずだった。しかし，政治的な面においては，愚弄され，軽蔑された。以前 BP は，意図はよかったもの

第6章　メキシコ湾岸地域原油流出事故　165

の，欠点の多い旧賠償プログラムを設立したが，EPA プログラムは，この旧プログラムと重ね合わせて理解され，また，EPA と同時期に，BP がメキシコ湾岸地域の住民に賠償を行うことを約束する広告キャンペーンを全米で展開したため，EPA は，激しく，感情的で，容赦のない批判が寄せられた。いわく，請求が認められなかった申請が多すぎる，要求される証明書類が多すぎる，支払いまでに時間がかかりすぎる，決定理由についての担当者の説明が不十分だ，等々。

　司法省ですら，逃げ場を探していた。メキシコ湾岸地域選出の下院議員たちが週1回出す報道発表資料に書かれている政治的な批判に揺さぶられて，トム・ペレリは，以下のような辛辣な文書を送ってきた。「私は依然として申請処理の進捗状況について関心を持っています。……正当な理由があり，必要書類も揃っている請求については，即刻，緊急前払いをすることが肝心です。……ただちに対策を講じ，GCCF の業務遂行能力を向上させるよう改善することを求めます」。

　そして，一部の批判勢力が，よりリベラルな補償金支払い基準を要求したのに対し，BP は，流出事故現場から数百マイルも離れたフロリダ半島のホテルやレストランに GCCF が補償を行う理由はまったくないと，公然と私に注意していた。すなわち，「申請のなかには，その主張する損失が二次的で，流出事故とは経済的な関連性が薄く，油濁法の規定する因果関係の要件を満たしていない事業者に関わるものが多くある。BP は，GCCF による独自の申請処理手続きを尊重し，干渉するつもりはないが，GCCF のやり方が経済的損失評価と判断において油濁法に適合していることは絶対に必要である」と。

　GCCF は，あらゆる角度から，山のような批判が押し寄せた。GCCF から補償金を支払われた申請者以外，誰も幸せになることはなかった。

　EAP が行われた 90 日の間，郵便で，直接持参で，オンラインで，約 45 万件というおびただしい数の申請がなされ，われわれはこれを受理した。弁護士の選任を希望するものの，その経済的余裕のない個人に対しては，高い評価を受けているミシシッピ司法センターと GCCF が契約し，同センターから，公

益弁護活動による支援を受けられるよう手配した。また，損害算定のために，地域の会計士に依頼した請求適格のある申請者に，会計士の報酬分を償還することにも合意した。GCCFは，地域の補償請求取扱事務所に配置し，請求の裏付けとなる必要書類の取得を支援させるために，当該地域で開業している弁護士と損害査定人を，増員した。その目的は単純なものであった。地域社会で敬意を集めている人たちが基金をより使いやすく，また，よりわかりやすいものにするために働いていることを，申請者たちに納得してもらうことである。そうしてはじめて，GCCFは信頼を得ることができた。

最初の90日間で，GCCFから，約24億ドルの金銭が16万9千人以上に次々と支払われ，受け取った者には何の義務も伴わないものとされた。統計上客観的にみれば，どうみてもEAPは成功を収めたといえた。

それでも批判は続いた。「もっと多く，もっと迅速に支払って下さい。それが約束だったはず。補償金が本当に必要なのです。他のみんなは支払いを受けているのに，なぜ私だけ支払ってもらえないのでしょう。BPのために働くのは，やめてもらえませんか」。

批判が止まないことに驚いて，GCCFは，請求適格性と証明の要件をさらに緩和し，より多額の支払いができるようにした。私たちは，裁判の場では相手にされない個人や事業者に対しても，補償金を支払った。たとえば，原油で汚染された海岸から非常に離れた場所にあるホテル，海岸から何マイルも離れたところにあるレストラン，事故現場から50マイル以上離れたニュー・オーリンズリンズのゴルフ場で仕事をしていた管理人，ビール販売者，小売店，ウェイターや片付け係，といった者たちである。

申請者が，訴権の放棄すらしないで十分な支払いを受けられるという状況を見て，BPはぞっとした。BPは，私の「独立性」の度が過ぎているのではないかと懸念した。

GCCFは満身創痍であった。申請者と政治家は，もっと支払えと叫び，BPは抑制せよと求めた。複数の悪いことが同時に起こる，まさにパーフェクト・ストームだった。

ワシントンで準備していたビロスとそのチームは，一丸となって仕事に取り組み，休む間もなかった。人材を結集し，このプログラムの信頼性を強化するために，私に対する批判と正面から向き合った。私は，地方講演をはじめ，頻繁に全米ネットやローカル局のトーク番組に出演し，地方の新聞社の編集委員会にも顔を出した。私からのメッセージは，わかりやすく挑戦的であった。すなわち，「GCCFは，期待通りに機能しています。つまり，EAPは，拾ったお金，思いがけない『贈り物』も同然です」と。私はGCCFが，最初の90日の間に，これまでアメリカで創設された他のどんな補償基金よりも多くの申請を処理してきたと述べた。これは本当に前例がないことであった。GCCFは，BPが正しいことを行うべきだ，という大統領の要求によって可能となった，ユニークな試みなのであった。私は，話を聞くすべての者に，伝統的な訴訟につきものの遅延とEAPの迅速性・影響力とを比べてみるよう強く勧めた。そして，申請の規模が大きい点に照らして，避けられないミスがあったとしても，GCCFは誤りを認め，問題点を改善し，支払額の調整を行った。

　EAPの申請期間が2010年11月23日に終了する頃には，私は，私へのもっとも大きな批判の声に対して少しずつではあるが優勢に立ちつつあった。もちろん，多数派がすでに私の側であることで，数の上での成功は明らかであった。しかし，数の問題を超えて，私が世論という法廷において勝訴にむかいつつあることが明らかになってきた。依然として反対していたのは，メキシコ湾岸地域の住民とそこから選出された政治家たちだけであった。議会や政府を含む，この国の他の地域では，GCCFが着実に前に進んでいることと，メキシコ湾岸地域にこれ以上の油濁の脅威はないという事実に満足しているように思われた。国全体が沈静化したことが，そのことを雄弁に語っていた。

　しかし，比較的短期間で受理した申請の数は，私たちにある現実を突きつけた。非常に多くの申請の処理に遅れが出るであろうことが明らかとなったのである。これは，各人が行う申請の金額査定に時間を要する補償金支払いプログラムにおいては不可避なことであった。申請者は請求適格を有するのか。確定申告やその他の証明書類は提出されているか。どのように損害額の算定を行う

べきか。どのような経済的想定を認めるべきか。申請者に，損害立証の手続的瑕疵を治癒するための機会を与えるべきか。

　個別の状況と関係なく同一額の補償金を支払うことで，すべての申請者を一律に扱っても意味がない。そのような方法では，多くの申請者に払いすぎ，それ以外の申請者には払い足りないということになってしまう。

　かといって，GCCF は，申請者の望む，現実味のない補償請求を額面通りにただ承認することもできなかった。そんなことをしたら，基金の 200 億ドルは数日でなくなってしまっただろう（緊急に必要だとして 110 億ドルを請求した申請者もいたし，総額で 200 億ドルを請求した申請者もいる）。もし GCCF が，裏付けの有無にかかわらず，それらの請求を認めていたら，200 億ドルではとても足りない。

　申請の数が多いことは，他にも悪影響を及ぼした。9.11 犠牲者補償基金において成功の鍵となった聴聞を GCCF で実施するのは現実的ではないと思われた。約 45 万人がすぐに使える緊急用の現金を必要としていたからである。このような状況のもとでは，聴聞を受ける権利は，迅速性と効率性とは両立しえなかった。9.11 犠牲者補償基金の際は，33 ヶ月で「わずか」7,500 件ほどの申請を受理すればよかったため余裕があり，聴聞の機会を要求したのは，その半分以下であった。GCCF は，それ以上の数をたった 1 日で受理しなければならなかった。すべての申請者それぞれに合わせた形で個別の聞き取りを行うことができなかったため，GCCF は，サービスの対象となる人たち自身からは，必然的に距離を置くこととなった。

　正式な聴聞はできなかったが，私は，申請者の支援を行う人員を追加して地域事務所に配置し，言語の問題がある申請者のために通訳を手配した。これは，公式の聴聞に比べたらお粗末な代替サービスであったが，少なくともそれによって，申請者たちは，対面で自身の考えを表明する機会が与えられたのだ。私は，メキシコ湾岸地域の住民 1 人 1 人が，官僚組織に組み込まれたただの歯車ではなく，それぞれの請求と申請者が GCCF にとって重要な存在なのだと思ってほしかった。私は，この問題を完全に解決することはできなかった

が，この問題は，補償申請を大量に処理する活動にはつきものの問題でもある。

　緊急の支払い請求が多いことで，詐欺が行われるおそれも増した。確定申告書類を変更・偽造したり，雇用に関する虚偽の書類を提出したり，収入や扶養者の数について嘘をついたり，原油流出事故による損害など発生していないにもかかわらず発生したと主張したりして，制度の抜け穴を悪用する者はいつもいる。これは，補償金支払いプログラムを利用して多額の補償を受けようとすることとは別の問題である。希望的観測は犯罪ではないからである。しかし，申請者が申請書類に，故意に虚偽の記載をしたり，連邦所得税の確定申告書等の公的記録に変更を加えたりすることは，事実の拡大解釈と重罪への着手との間の一線を越えることである。

　詐欺が行われているという徴候以上に申請処理の信頼性を低下させるものはない。幸いにも，9.11犠牲者補償基金を運営していくなかで，詐欺の証拠が実際にあがってくることは稀であった。申請の数は限られていたし，それらはすべて死亡や負傷を伴うもので，公式な死亡証明書に医療記録，飛行機の搭乗者名簿，国防総省の軍歴資料等によって簡単に証拠を提出することができた。30件程度の虚偽の請求が9.11犠牲者補償基金に申請され，司法省に送検された。

　しかし，GCCFの申請処理手続きは，質においても量においても，9.11犠牲者補償基金とは異なっていた。死亡や負傷ではなく，われわれは，賃金や事業収入などの逸失利益の証明として提出された書類を審査しなければならなかった。このことが，詐欺をたくらむのに好都合な状況であった。お粗末ですぐにわかるものもあったが，複雑で巧妙なものもあった。中には，確定申告の収入の欄に意図的にゼロを加えたり，控除額を操作したり，扶養家族の数を不正に増やしたり，提出したことのない確定申告書を提出したりして，確定申告書の改ざんを行う者もいた。他の申請者のなかには，いくつかの異なる収入証明書を提出し，収入証明書と連邦所得税の確定申告書で申請した収入の違いを言い逃れようとする者もいた。他にも，所得税率が上がらないように，確定申告を代行する者が「特別な処置」をしようとしたので，提出された確定申告書は間

違っている，と述べる者もいた。また，レストランに勤めていると思われる者が，改竄した給与明細書や税務関連書類，雇用証明書を提出したり，船長が架空の船についても逸失利益を申請したり，漁業者が虚偽の甲板員証明書と納税者記録を提出した例もある。これ以外にも，申請者が所有していると主張する小さい会社が，実は存在しないもので，郵便配達と転送サービスを使った手の込んだしくみで経営されていたという例もあった。

　詐欺の問題に対処するために，GCCFは，企業内調査を行ったり，企業犯罪の証拠を見つけたりすることについて長い経験を持ち，評価も高いガイドポスト社の協力を得た。ガイドポスト社は，GCCFの詐欺対策部門となった。不審な申請は識別され，GCCF上級審査チームによって，調査されることとなった。そして，これらの申請は，さらに審査し，現地調査を行うためにガイドポスト社のもとへ送られた。ガイドポスト社は，司法省の詐欺ホットラインに電話をかけてきた匿名の内部告発者による情報や手がかりなども調査することになった。

　補償プログラム存続中に，GCCFは，1万7千件にも上る不審な申請を調査し，そのうち4千件ほどが再調査のために司法省に送られた。また，必要な場合には起訴された。たしかに数字だけを見れば多いが，全申請数が100万件を超えていることに鑑みれば，それほどたいしたものではなかった。GCCFに向けられた批判に対する自己防衛として，私は詐欺を無くすために，常にガイドポスト社の仕事とGCCFの決定に気を配っていた。

＊　　＊　　＊

　90日間のEAP申請期間終了とともに，GCCFは補償金支払いプログラムの第2段階に入った。GCCFは，請求適格のある申請者すべてに，公平に支払いを受ける方法について，次の3つの選択肢を用意した。

　即時払い：これは，もっともよく選ばれた選択肢であった。BPやGCCFから

すでに緊急の前払いを受けた者は，損害についての追加の証拠資料を提出しなくても，簡単な様式で申請し，5千ドルの小切手を2週間以内に受け取ることができた。同様に，事業者も，簡易な方法により申請し，GCCFから2万5千ドルを受け取ることができた。

これ以前に，すでにBPまたはGCCFが申請者の請求内容を審査していたため，こちらを選べば，請求者は即座に追加の支払いを受けることができた。しかし，この方式を選択した者は，原油掘削装置の爆発について責任を負うべきだと思われるBPや他の企業に対する訴権を完全に放棄することに同意しなければならなかったかったし，追加の補償を求めてGCCFで新たな申請をすることもできなくなった。EAPが終了した翌年，13万を超える個人と事業者がこの即時払いを選択し，基金から13億ドルを支払った。

簡便性と迅速性が，この即時払い方式が選択される理由であった。また，メキシコ湾岸地域にある地下経済の特徴も理由となっていた。この地域には，確定申告書や会計書類は，正確に作成するよりも，違反することをよしとする風潮があり，個人や事業者の多数は，多額の補償の申請に必要な資料を提出することが，かえって困難になるという事情があったからである。したがって，即時払いという選択は，そのような個人や事業者にとって申し分のないものだった。

温情主義的な態度をとる訴訟弁護士や地方の政治家のなかには，この即時払い制度を批判する者もいた。彼らは，「申請者は，本当の意味での自由意思にもとづいて選択していない。申請者は，その置かれた経済状況ゆえに，将来の権利を必要以上に広範に放棄するのと引き換えに，日和見主義のGCCFがちらつかせる補償金を受け取らざるをえないのだ」と主張している。

しかし，私はこの即時払いという選択肢を守り抜いた。申請者が即時払いを選択することを決めた最大の理由が経済的強制であったという証拠がいったいどこにあったというのだろうか。メキシコ湾岸地域の住民たちは，自分たちが何をしているのかをきちんと認識していた。彼らは，すすんで即時払い方式を選択したのであり，そうするのが当然であった。私は何を言われても態度を変

えなかった。

　公の場で議論が続くなか，数千もの請求申請者が我先に補償金を受け取った。BPの役員たちは，あぜんとしてこれを見ていた。私は再びBPの役員たちに，どうしてEAPが請求申請者にも企業にも意味があるのかということを思い出させた。EPA申請期間中は，訴権を放棄することも，それを保証することもなかった。なぜなら，同プログラムの目標は，被害者に対する迅速な補償金支払いであったからである。しかし，いったん申請者が，この補償基金プログラムになじんで，安心し，補償金を受け取ると，追加の補償を期待して，多数の者がGCCFに再申請するようになる。そして，今回は，将来訴えない，という約束を条件に補償金が支払われるのだ。BPは拍手喝采した。

　仮払い：この2番目の選択肢は，経済状況に見通しが立たず，BPに対する訴権の放棄を躊躇している申請者が利用することができるものである。漁業，小エビとり，牡蠣の養殖業，また，観光業，それに関連する小売業に原油流出が与える長期的影響を懸念して，彼らは，メキシコ湾岸地域の復旧状況の推移を見守りつつ，短期的な補償を選んだ。この方式では，申請者は，過去の四半期分の損失を証明することができ，他方で自己の損失が継続するようであれば，将来BPらを訴える権利を留保しつつ，GCCFから追加的な補償を受けられる権利も留保できる，というものであった。将来のどこかの時点で，訴権の放棄と確定払いを現実化する必要があるが，当面は，このようなリスクを回避できる，仮払いの制度は魅力を持っていた。

　3万5千の個人と事業者が，この仮払いを選び，初年度だけで，総額4.95億ドルが支払われた。事実上，これは，何の義務も伴わずに，GCCFからの補償金を受け取る機会が与えられたという点でEAPの繰り返しであった。もちろん，これらの請求申請者は，四半期ごとに，継続して発生している損害を証明する書類を提出しなければならなかった。もっとも，これは容易なことではないものと思われた。すべての徴候は，メキシコ湾が生物学的にも，環境学的にも，経済学的にも復興をとげていることを示していた。BPと沿岸警備隊が，

破損した掘削装置から吹き出す原油を封じ込め，これに覆いをかけるという作業を完遂した。自然の力もこれに貢献していた。暖かい水温と温暖な気候によって，油膜のさらなる消散が進んでいることは明らかだった。経済も引き続き回復し，残る経済的不確実性は，単純に原油流出のせいだといえなくなってきた。これに対し，メキシコ湾岸地域（そして全米の他の地域も）の全体の経済的落ち込みは厳しくなる一方であった。メキシコ湾岸地域の州と環境保護庁は，水揚げされた魚の安全衛生に問題がないと強調していた。一方で，BPは，観光振興のために州政府と地方公共団体に対して数百万ドルを支払おうとしていた。政治家たちは，メキシコ湾岸地域で取れたエビや牡蠣を食べているところを写真に撮らせて，観光客たちに自然のままのビーチに戻ってくるよう勧めた。多くの国民にとって，原油流出事故は，早くも過去の話になろうとしていた。

　しかし，私は，メキシコ湾岸地域の多くの住民や事業者を悩ませた経済的不確実性を，より深く認識していた。経済回復の兆候は予想されていたことだが，私たちには将来の予測がつかないままであった。政治家と弁護士は，もちろん，この仮払い方式を勧めた。（後に訴訟の原告となることができる）申請者に，まずは補償金を受け取り，将来の訴権は確保したまま，将来の不確実性に備えることができるからであった。

　私は，仮払い方式による処理を軽視していると責められ，GCCFは，わざと仮払金の支給を遅らせており，必要以上の証明書類を要求している，と批判された。事実が示しているように，そこには，仮払いを遅らせようとしたり，必要以上の負担となる証拠を要求したり，といったことはなかった。こういった批判は，人間の本性に関する重要な側面を無視している。それは，補償金を受け取るために，GCCFに何度も書類を提出することを面倒に思うようになるのは当然だ，ということである。政府関係者や弁護士の温情主義的態度にも関わらず，申請者というものは決着をつけたいと思うものなのだ，ということを私は経験から学んだ。何度も大惨事について思い出させられることは落ち着かないし，やっかいなことでもある。多くの申請者が仮払いという選択をすることに

なったが，彼らは，前向きに生き，「原油流出」の章を閉じて，未来を向いて歩いて行くことを決めたのだ。選択は彼ら自身の意思に基づくものであった。

確定払い：この選択肢は，流出事故について一度にすべてを清算してしまいたいという，請求適格を有する申請者向けのものだ。これは，最も多くの受取額を期待できる選択肢であることは明らかだが，その分リスクを伴うものであった。申請者が過去，現在，そして「将来」の損害についての証拠資料を提出することができれば，申請者は，その損害を一括してすべて填補できる額の支払小切手を，一度だけ，受け取ることができたが，引き換えに，GCCF に再び申請することはできなくなり，訴権を完全に放棄しなければならなかった。

　もっとも，どのように将来のリスクを算定することができるのだろうか。これが難しい。メキシコ湾岸地域の将来を予測することは，申請者だけの問題だけではなく，GCCF にとっても大きな挑戦となった。すべての確定払いには，漁場が復旧するまでの間，小エビとりや牡蠣の養殖が原状に復するまでの間，そして，観光客が戻ってくるまでの間の補償として，「将来の回復リスク要因」などを含めて算定しなければならなかった。しかし，その期間はどのくらいになるのか。その額はいくらになるのだろうか。

　GCCF は，様々な分野の専門家から意見を求めた。たとえば，経済モデルの作成や，データ回収，統計的予測の分野において定評のある ARPC[79] というコンサルタント事務所からの協力を得た。また，メキシコ湾岸地域の将来予測に関する報告書を作成してもらった。海洋生物学の権威である，テキサス A&M 大学ハート研究所のウェス・タネル教授[80] には，いつメキシコ湾岸地域が，

---

79) Analysis Research Planning Corporation. ワシントンを本拠とするコンサルタント事務所。統計的な手法による経済・金融・企業の分析を得意とし，企業や政府には，実際の運営上のアドバイスもする，とのことである。

80) John W. Tunnel, Jr. は，テキサス A&M 大学理工学部生物科学科の名誉教授。ハート研究所（Harte Research Institute for Gulf of Mexico Studies）は，生物多様性の観点から，メキシコ湾の諸問題を研究する機関である。

流出事故前の漁場の状態に戻ることができるかということについて意見を聞いた。連邦・州の環境関連当局者もまた，専門家の意見を求めた。

　すべての資料を検証した後，私たちがAPRCと合意に達したのは，メキシコ湾岸地域の資源とメキシコ湾岸地域の経済は2013年末までに元に戻るということは妥当ではあるが，決して確実ではないということであった。したがって，確定払いの算定方法は，提示された2010年度の損失に「将来の回復リスク係数」である2を掛けたものとなることを発表した。この選択をした請求適格者は，2013年度までの損失をすべて填補するに足りる支払小切手を受け取ることとなった。

　しかし，牡蠣の養殖業者については事情が異なった。流出した原油を除去するために，メキシコ湾に浄水が放出されたが，それがかえって牡蠣とその養殖場にダメージを与えてしまった。牡蠣の養殖業は，原油の除去作業によって，かえって大きな追加的なリスクに晒されていたのである。そこで，GCCFは請求適格のある牡蠣養殖業者については，2015年までに発生すると予測される損害を含めるべく，将来の回復リスク係数を4とすることにし，2015年までに予想される損失をも填補することとした。

　GCCFは予想できる反対論に備えていた。予想通り，われわれを批判する者は，この将来回復リスク係数が不十分であると非難した。なかには，その係数は，2010年度の損失の6倍，8倍，否10倍だという者もいた。貧窮したメキシコ湾岸地域の経済に関する不確実性を低く評価することによって，GCCFがたんに資金を節約しようとしているのだ，と彼らは批判している。

　しかし，GCCFは，公的・私的を問わず，専門家の意見を広く取り入れてきた。2013年までに経済が回復するという見通しも実際に妥当なものであった。また，BP自身が，「将来の回復リスク係数」の採用に公の場で強く反対していたため，私の主張に対する信憑性が，かえって増す結果となった。BPは，「GCCFは気前が良すぎる。メキシコ湾岸地域の経済はすぐもとに戻る」と主張していた。そして，私たちに，原油流出事故から継続して生じているとされる損害が限定的になってきたことを受け，BPはわれわれに対し，将来の回復

リスク係数を1年未満に減らすことを要求してきた。しかし，私はこれを拒否した。

私は，GCCFが引き続きメキシコ湾岸地域をモニターすることを約束し，状況に応じて，回復係数を上げたり下げたりして修正できるようにしておいたのだ。9ヶ月後，GCCFは，もともと牡蠣の養殖業者に対して行ったのと同じように，小エビ業者とカニ業者に対しても，回復係数を4とする措置を採った。小エビ業者とカニ業者も，リスクの増加が予想されたため，修正を行ったのだ。

しかし，申請者にもBPにもうまく利用されるのは確実であった。

私が，関係者に対し，確定払いを選択することは強制ではない旨を言い続けていた，ということが最も重要である。確定払いの算定方法が将来のリスクを十分に填補するものではないと考えるのであれば，請求申請者は，いったん仮払い方式を選択し，将来のリスクに対しては「しばらく様子をみる」というアプローチを採用することもできた。仮払い方式という選択肢は，常時，利用可能であって，将来について未だリスクを取る判断ができない人にとっては，安全弁のようなものであった。

確定払い方式が利用可能になった最初の1年間で，7万3千以上の個人と事業者が確定払い方式を選んだ。これは仮払い方式を選んだ人の2倍以上の数である。この方式に対する信頼性を示す，これ以上の証拠はあるだろうか。そして，数ヶ月が経過し，メキシコ湾岸地域の個人や事業者は，地域がもとに戻りつつあり，今後，継続中の損失を証明するのがますます難しくなる，という認識をもつようになった。すなわち，確定払い方式という選択肢は，人々が前に進むことを促すものである，ということがより一層明らかになってきたのである。

＊　　＊　　＊

2011年末には，GCCFは，オバマ大統領がBPとの交渉の際に述べていた目

的をもう少しで達成するところまで来ていた。GCCFのプログラムが始まって最初の16ヶ月間，つまり最初の裁判が開始される数週間前には，GCCFは50万件をはるかに超える請求申請者に対し，すでに61億ドルを支払っていた。GCCFに申請された97％以上の請求が，処理完了の状態になっていた。残る3％の申請は直近になされたものであった（毎週，1,500件もの新規の申請があった）。この前代未聞の申請の嵐にも関わらず，GCCFは，依然として，すべての請求における損失の評価を継続していた。

　今になって思い返すと，政府からの請求や，州と地域で行われたメキシコ湾の原油除去費用とは対照的に，少なくとも個人や事業者の請求については，BPは，200億ドルの拠出をまったく惜しむことなく，支払いを約束してくれた。大惨事の規模と影響は，その当時心配していたよりも，現在ははるかに小さくなったようだ。BPと沿岸警備隊は，汚染の除去にすばらしい成果を収めた。自然も見方になってくれた。温かい気温によって，掘削装置から漏れだした原油の大部分が薄まった。残りの部分については，沿岸警備隊と除去活動に参加していた個人の船によって片付けられた。メキシコ湾周辺の州や地方公共団体からBPに対する費用請求の増大が懸念されたが，その多くは，比較的穏当な請求であった。彼らは，汚染された海岸から原油を除去するために，追加の人員を雇ったり，請負業者や除去活動に参加する者に対して支援を提供したりした。これらの原油除去費用に関する請求について評価を行うのは，BPの仕事であって，GCCFではない。

　GCCFを創設し，BPからの独立性を確保することを強調するなかで，オバマ政権もBPも，原油流出事故から派生的に生じたことと，GCCFまたはBP自身が支払いをすべき直接かつ正当な損害とを，切り分けることができていた。これは，行動する「信頼できる政府」の完璧な例であるとともに，官民の協同体制が可能であることを示す例でもある。さて，流出事故から約2年が経とうとしているが，個人・事業者と政府に支払われた額，および地域の除去活動にかかった費用のために支払われた額をすべて合わせると，BPによって出資された200億ドルの半分もいっていないようである。

もちろん，最終的な決算はまだまだ先のことだ。

メキシコ湾岸地域の住民とこの地域で選出された議員からは，今もなお批判が続いているが，GCCF のようなユニークな試みは，環境にまつわる大惨事に見舞われたメキシコ湾岸地域の住民に救いの手を差し伸べるという大統領の行動を正当化するものであった，と信じている。以下の数字を見れば一目瞭然である。(2012 年 3 月 9 日現在)

GCCF に対する申立 = 1,061,405 件。そのうち
- EAP：即時払い，仮払い，確定払いに対する申請は 574,881 件
  (申請は，15 の州と 38 の国々から)
- 61.39 億ドルの賠償金支払い：そのうち
  ➢ 緊急前払い　25 億ドル（169,203 件）
  ➢ 即時払い，仮払い，確定払い　35 億ドル。そのうち
    ◇ 即時払い　　128,172 件
    ◇ 確定払い　　67,143 件
    ◇ 仮払い　　　35,261 件
- 申請却下（様式不備を含む）　420,430 件

メキシコ湾岸地域からの非難の声も収まった。予想していたように，大多数の個人や事業者はもう前に進み始めており，選出議員たちも，喫緊の問題に焦点を移している。

GCCF を批判する者は，きちんとした議論ができなくなりつつある。残った問題は 1 点のみ，司法省が GCCF の独立監査を認めるべきだということだけである。GCCF とオバマ政権が成し遂げた業績のあら探しにやっきになって，批判者たちは，GCCF の欠陥，失策，矛盾を未来永劫探し続けなければならないという考えに固執している。GCCF を当初から批判していたのは，司法省の予算について権限を持つ下院小委員会副委員長のジョー・ボナーと，ミシシッ

ピ州のフッド司法長官であるが,「透明性」という,アメリカでは誰も異議をとなえることができない最も重要な政治的価値の一つとなった概念への訴えかけにもとづいて,批判を展開しようとしてきた。ボナーは,自分の要求をもとに,基金を司法省に移管する法律を立法しようとさえした。すなわち,「GCCFが,確実に,現行法の文言と趣旨に合致した形で,時宜に適い,透明性を確保した,かつ,安定的な方法で運用されるようにするために,当委員会は,司法省に対して,同省が会計検査院と協議のうえ GCCF の請求処理の方法や GCCF の人事を評価する独立の監査人を指名するよう命ずるものである」。

私は,今まで一度も独立監査人という考えに反対したことはなかった。実際,とくに GCCF 創立時の緊迫した状況などを考えると,独立監査人という考えは,かなり理に適ったものである。政府も BP も,GCCF の意思決定について日常的に監視するということはなかった。エスクロー契約の締結により,彼らは私たちの仕事を監視することはできたが,干渉することはしなかった。独立の監査は,補償申請手続きに透明性をもたらすだけでなく,私たちの仕事の正当性をも証明してくれると私は確信していた。

GCCF の存続期間を考えると,この時期の監査は尚早であり,私自身,それを承認する用意はなかった。GCCF が,多くの緊急前払いの申請を処理しようとしている最中に監査に入られると,業務を阻害しかねなかったし,貴重な人的資源を監査の対応に回したくもなかった。そして,政治的な注目を浴びる中で行われる監査が,請求申請の処理に追われている GCCF 付き会計士や損害査定人のやる気と一体感を損ねる,ということに私も気付いていた。

監査を求める批判の声は,1年ほど続いた。2011年の夏に,私は,ホルダー司法長官とトム・ペレリに会い,監査を行うべき時が来たという点で意見の一致をみた。支払われた補償金の額,処理された申請の件数,GCCF はその申請を遅滞なく処理しているという事実,これらはすべて,真に独立した監査が基金の業務の正当性を明らかにしたことを示していた。司法長官は,われわれの理解を明確にするために,私に以下のような文書を送ってきた。

「私は，GCCFが，100万件にも及ぶ補償申請にも関わらず，それを確実に処理したことを認識しており，あなた方の努力に感謝します。GCCFの業務は引き続き重要な役割を果たし続けることとなります。われわれは，効率性，一貫性，利用者に対するサービスを高水準のまま保っていきましょう。

会合では，メキシコ湾岸地域で耳にした，GCCFにおける申請手続の透明性に関する懸念を話し合いました。この書面は，あなたがトム・ペレリ司法次官との話の中で合意し，私との会合でも話し合った，GCCFに独立の監査を導入することについてペレリ確認するためのものです。しかし，GCCFは今もなお週に数千件の申請を受理しており，それらを迅速かつ公平に処理していくことが一番大切なことであるということを，私たちは認識しています。したがって，補償申請の処理に遅滞を生じないようなかたちで，いつ上記の監査を開始するかを年内に協議したいと思います」。

司法省は，BDOコンサルティングを監査人に選んだ。監査は2012年1月に始まり，同年4月に終了した。

ある興味深い事実があるのだが，監査を求めて批判する者たちからは，あまり注目されていない。彼らは，GCCFは，請求適格の認定と損害の算出においてまったく一貫性がなく，十分な額の補償金を支払っていないとの主張を続けている。しかし，これらの案件を公的に調査することを可能にする法律が成立しているのである。1990年油濁法によれば，GCCFの決定に不服のある請求申請者は，沿岸警備隊に対して，独自の，かつ直接の審査を求めることができる，法律上の権利を有するものと定めている。実際，1,612人もの個人・事業者がその申請について，沿岸警備隊の審査を要求している。そして，すべてのケースにおいて，沿岸警備隊は，最終的にGCCFの決定内容に同意している。

さらに，上院公聴会において，沿岸警備隊自身が，GCCFは，1990年油濁法の規定する以上のことを行っている，との見解を示した。沿岸警備隊の高官は以下のように発言した。

「BPとGCCFとが締結した協定書は，1990年油濁法が要求する水準以上のものを含んでおります。GCCFは，個人の傷害に対しても補償することができます。GCCFは，緊急払いを実施することができますが，われわれ沿岸警備隊は不可であります。GCCFの最終払い方式のルールでは，将来の損害も補償されるとなっています。しかし，沿岸警備隊は，推測にもとづく損害については，補償することはできません」。

しかし，メキシコ湾岸地域の人々たちの中には，自分に都合の良いことしか耳に入らない人もいる。彼らは満足することがないのである。GCCFと沿岸警備隊は裏で協力しているに違いない，と思っているのだろう。いくら証拠があっても，そんなことはないと彼らを納得させることはできないだろう。

ボナーやフッドのような批判者たちは，GCCFは，法律や行政機関の規則といった，官報に掲載されて，万人が目にできるルールにもとづかないで創設されたという事実を指摘する。彼らは，この状況を「無法状態」であるとして非難する。しかし，これら批判者たちは，GCCF創設の合意の前提となった，前例のない危機的状態をまったく無視している。世論が，早期の解決を望むなか，200億ドルを挟んだ「握手」で，政府の官僚主義と対応の遅れを回避することができた。このようなかたちで通常の手順を省略するときは，それにともなう代償を払わなければならないことは自明である。しかし，GCCFには，9.11犠牲者補償基金というれっきとした先例がある。BPと政府との間のエスクロー契約にもとづいて創設されたGCCFと同様に，その特別管理人は，任務の遂行基準と原則を決めることのできる幅広い権限を与えられていた。いずれの場合も，行政府は，このような制約のない取り決めを利用して，批判をかわしその矛先を責任者に向けたのであった。

その目論見は成功したといえる。補償金支払いに関する詳細は私に一任されたが，同時に私は，その過程で生じるあらゆる政治的な論争の渦中に置かれることにもなったのである。私はその難題に取り組むことにした。

9.11犠牲者補償基金やGCCFが再び必要になるとは考えにくい。一度きり

のものであり，不幸の産物でもあった。アメリカの歴史において，つねに大きな責任の問題にさらされている私企業が，事故から数十日のうちに責任を認め，被害者と社会に対してその誠実さを示すために，すぐさま200億ドルを拠出したという事例は他にはない。ほとんどの場合，企業は責任を認めるのを数年先送りすることを選ぶ。これがアメリカの企業のやり方である。しかし，BPは違った。そして，私的な補償基金を創設して，100万件を超える請求を，一件一件，審査・検討した例というのも聞いたことがない。

　他の企業も，BPと同様，いつ大きな法的責任に直面するか分からないが，やはり，BPの戦略で培われた知恵を慎重に検討することになるかもしれない。たとえば，先に必要な資金を提供して，訴訟の当事者となるかもしれない者を誘導する。迅速かつ十分な支払いがうけられるメリットを強調した補償金支払いのプログラムを代替的に設計し，これを実行する。裁判官，陪審員，弁護士から距離を置いたところで解決する。完全に私的な補償基金プログラムを通じて，ほぼすべての申請を処理し，なるべく政府の直接的関与を避ける，等々。

　GCCFの創設はユニークであると同時に，明らかに煩わしいものでもあった。内容や手順がすべて不明確で，不確実であったにも関わらず，9.11犠牲者補償基金は，曲がりなりにも，法律にもとづいて創設された。議会が基金創設の一翼を担ったのである。しかし，GCCFは，一部は公的，一部は私的というように，ユニークなハイブリット型だった。たしかに，1990年油濁法はBPに対して，進んで請求処理をおこなうことを義務づけていたが，同法は，独立した補償基金設立のためのBP・大統領間の合意のようなものを想定していたわけではなかった。次のような疑問をもつのはもっともなことである。今回のような，1人の人間に権限を集中させて迅速かつ簡略化して手続きを進めるやりかたは，アメリカ史上最悪の環境災害に政府が対応する方法として最善のものだったのか。政府の核心的な対応が必要とされたのは，災害が特異なものだったからなのか。たしかに，即座に行動できなかったということで大統領を責めることはできない。その危機の大きさでは，しようがないからだ。

　この流出事故の最終章を，ここから記述するとしよう。オバマ政権とBPは，

審査中の申請や将来の請求申請を処理するために，GCCF を 2013 年 8 月まで存続させることで合意していた．しかし，2012 年 3 月，ニュー・オーリンズの原告弁護団は，BP に対するクラスアクションを和解によって最終的に解決する合意が成立したとして，新たにバルビエール判事指揮下で設置される補償基金に，GCCF を秩序正しく移行するよう求めてきた．この和解案が裁判所に認められれば，私の望んでいた通り，GCCF という実験的な試みは数ヶ月後には過去のものとなるだろう．

　提示された和解案は，多くの点で興味深かった．まず，訴訟弁護士が GCCF に向けていた批判にもかかわらず，新たな補償基金は，GCCF のために業務を行っていたブラウン・グリーア社，ガーデン・シティ・グループ，PWC から，まったく同じ協力を得ることになっているようである．ファインバーグ・ローゼン事務所は，もちろんはずれるが，GCCF の成功にとって重要だったこれらの会社と人材は全員そのまま残るだろう．GCCF に対する功績は見過ごされなかったことの確たる証拠である．

　さらに，新しい補償金支払いプログラムは，GCCF と同様，請求適格基準，損害算定方法，証明資料に関する要件などを定めている．しかし，新しい補償金支払いプログラムのほうは，連邦裁判所の管轄に属するので，GCCF のように完全に独立した機関ではない．それゆえ，新しいプログラムは，ベトナム枯葉剤事件における和解基金プログラムがワインスタイン判事の監督下におかれていたのと同様に，日常業務については，バルビエール判事監督の下に置かれることとなろう．

　発表された和解合意案では，GCCF の補償金支払いルールと異なる，重要な実質的変更がいくつか約束されていた．たとえば，健康被害を受けた者に対しても補償金を支払うことが予定されている．とくに，原油除去作業に従事する労働者や海岸付近の住民たちが原油の揮発成分を吸い込んだ結果生じたとされる呼吸器系の疾患に対して，である（GCCF は，掘削機爆発の結果，身体に損傷を受けた掘削施設の労働者に対しては，数百万ドルを支払ったが，呼吸器系疾患にもとづく補償申請に対しては，因果関係の医学的証明と身体傷害の不可

逆性についての証拠がないということを理由に，補償をしてこなかった）。また，その合意の中には，メキシコ湾岸地域での日曜のクルージングが楽しめなくなった船の所有者や，原油の臭いやBPと沿岸警備隊の作業に伴う騒音により不快な思いをしているメキシコ湾岸地域の家屋所有者による，娯楽目的を伴う補償申請も認められる旨の条項もある。迅速かつ簡易な支払いを求める労働者やメキシコ湾岸地域の住民たちが行う，数十万件，いや，数百万件の新しい請求に，こうした制約のない請求適格条項がどのような影響を与えるのかは，まったく予想がつかない。

　公的な補償基金プログラムを設計し，運営したという私のこれまでの経験は，今回のGCCFでは役に立たなかった。BPの原油流出事故は，私に新しい教訓を与えてくれた。これまでの仕事のなかで，私は政治的なコンセンサスや超党派の支持といったものの恩恵を受けてきたが，こうしたコンセンサスや支援がなければ，成功をおさめたり，世論の賛同を得たりすることはずっと困難になる。信頼の基礎となる重要な構成要素に，疑問が投げかけられて，補償金支払いプログラムに対する申請者の確信が揺らぎ始める。特別管理人の個人的な誠実さにも疑問符が付けられる。このように，効率的に補償申請が処理され，補償金が支払われる過程というのは，そのときの政治的環境に直接，左右される。これに加えて，効率よく100万件超の申請を遅滞なく審査しなければならないという，実務の現実があり，その問題の難しさを何倍にも増幅してしまう。そして，事実を認めた違法行為者が矢面に立って，違法行為を是正するために必要ならば，200億ドルでもいくらでも支払うと約束したら，何千もの個人が「誰がいくら受け取るか」という問題に対して，「私が獲得する，そのすべてを」と即答するのである。

　GCCFが成功したと主張するのに，私には何の躊躇もない。メキシコ湾岸地域の住民に対する大統領の公約は，完全に果たされた。数十億ドルもの金額が，きわめて短期間に，数十万の個人と事業者に支払われたのである。世論の賛同は，全米で，そして湾岸地域でも（と信じたいが）徐々に得られている。多数の訴訟が回避され，GCCFの補償金支払いプログラムは，ニュー・オーリ

ンズで係争中の訴訟に，包括的和解への道を開いた。

　したがって，重要性という点では，傷害，批判や異議の申し立てがあったことに照らすと，私にとってはGCCFがもっとも意義のある業績であると考えている。私は，GCCFの結果に誇りを持っている。そう，私はこのパーフェクト・ストームを乗り切ったのである。

　しかし，同じ事を焦って繰り返そうとは思っていない。

エピローグ
――公的な補償給付制度という感覚――

　25年以上にわたり，私の専門家としてのキャリアは，災害と大惨事によって規定されてきた。大統領，司法長官，財務長官そして裁判官から依頼されて，なんの罪もない被害者の経済的窮状を軽減するための補償金支払いプログラムを設計し，管理運営してきた。私はまた，企業経営者が報酬をどのくらい受け取るべきかを決定するという任務をこなしてきた。最初に私が学んだのは，補償金支払いと人間の本性がいかに相互作用し，いかに相互浸食するか，ということであった。私が判断しなければならなかったのは，人びとがどのように大惨事に反応し，補償金をどのように考え，そして何を期待して支払小切手を受け取るのかについての理解がなければ，とうてい不可能であったろう。私の仕事においては，神学，心理学や精神医学の学位はなんの役にも立たなかった。しかし，これらの専門的知見は，正義を行い，公正に補償支払いをなそうとするときに，有用であることを見せようとする。

　補償金を受け取るときの心理状態を理解し，金額の細かいところまで計算することは，成功に至るために必須である。

　ここで強調しなければならないのは，私はこの種の決定をする唯一の人間ではない，ということである。大惨事の被害者に補償金を支払うこと，企業の役員に報酬パッケージを提供すること，その他の判断が必要とされるというのは，わが国の日常生活で普通に行われていることである。多様で複雑な問題，たとえば健康保険，労働者の賃金決定，社会保障からの支払い等に取り組む連邦・州の規制当局がそうである。たとえ伝統的な不法行為訴訟が欠けても，補償金等の支払い手続きは，現代的福祉国家であるアメリカにとって不可欠な部分として，日常的に取り扱われて流れていくものである。

しかし，こういった補償金支払いの判断は，世間の目を逃れて，法律上あるいは商業上の日常的な仕組みの一部となっている。これらは，少なくとも一般公衆に対する説明の必要はない。

しかし，時には，こういった補償金支払いの決定が，非常に目立つようになるときがある。たとえば，全国規模の災害に対応して，なんらかの補償金支払いのなされることが新聞の一面を飾ることがある。その問題と関連があるとして，さまざまな角度から焦点が当てられる。その結果として，補償金支払いの役割について，公開の論争が続いて生じる。そして，これまでの伝統的な諸原則が疑問視されるようになる。

アメリカ社会において，請求適格者と補償金額の決定には，ほとんどすべての場合，金銭に換算することになる。このことを，現代的な生活の明確な特徴として，前提とするだけである。公的資金で記念碑が建立され，それが人の命が失われたことを示し，その象徴として建立されることもある。不正な行為の告白の後に，政府による遺憾の意や私的な謝罪が続くこともある。一定の場合には，金銭の代わりとして，精神的，法的あるいは教育上の支援が有意義であるかもしれない。南アフリカでは，法律によって「真実和解委員会 Truth and Conciliation Commission」が設立され，過去に対する謝罪と償いを表明する公式の機会を市民に提供することとした。とくに初期の植民地時代には，金銭の支払いに代わる手段として，物々交換や強制労働が補償の形式として機能した。しかし，なんの罪もない，違法な行為による被害者に対してどのように補償するか，あるいはどのように企業経営者の報酬を決めるかを議論するときは，われわれアメリカ人は金銭に見積もらなければならない。これが自由市場・資本主義社会の当然帰結である。

金銭賠償の原則は，われわれの法制度においても中心となる。何ら罪のない（？）被害者に対して実質的な援助を提供することを約束するだけでなく，他の者が同じような違法行為に関わることを抑止するよう企図されている。ある意味で，補償金の支払いは，不正義と人命が失われたことに関する正式な謝罪の一部であるかもしれない。市民の支援，すなわちコミュニティは被害者とと

もにあるという表明として，機能することもありうる．

　しかし依然として，第一次的な補償のかたちとして金銭を提供するとしても，誰が，どのような状況の下で，いくら，その金銭を受け取るかを判断する必要がある．これらの問題について，公開の議論のまっただなかで解決されなければならないときに，その解答を用意するのは，とりわけ困難なものとなる．交通事故において，過失のない被害者は，裁判官と陪審が決定した損害賠償額何千ドルかを受け取ることができる．こういった金銭が一方から他方へ移転することは，全国の裁判所で毎日見られるところであるが，それは鳴り物入りの宣伝もなく，マスコミからの注目を浴びることなく，実施されている．それは，日常的なニュースであり，偶然の出来事としては日常的なことである．違法な行為によって損害を蒙った者だけが，その賠償を受ける資格を有するのである．そのような場合には，社会は，その構成員たる市民のそれぞれに対する責務を，粛々と果たしているだけである．

　したがってまた，自己の業績にもとづいて報酬が支払われる企業経営者についても，同様のことが妥当する．その者の報酬金額がニュースになることは滅多にない．それは，自由市場のもとで，企業と経営者の間でなされる取引の結果である．そこでは，公的機関による検査も，なんらかの対応も必要とされない．われわれの経済システムにおける私的な契約関係の一部にすぎないからである．

　しかし，一般の関心が補償金額の決定に集まり，一般公衆がその請求適格者と補償金額について知りたいと願うようになると，こういった諸要素は，極端に変化してくる．とくに新聞の一面を飾るような大惨事——たとえば，同時多発テロ，原油流出，錯乱した殺人鬼，金融崩壊，など——の後で，このような注目を引くこととなって，世論の関心を喚起することとなる．その背景に，世論の圧力，政治的ご都合主義，正当な怒りの念，あるいはこれらと他の要素が組み合わさっているかに関わらず，政策立案者はこういった問題に対応しなければならない．既存の法制度は，このような大惨事を扱うことはできるが，大きな混乱の最中にあっては，その法制度のメカニズムは，あまりに複雑で，時間が

かかりすぎ，非効率的で，まったく先が見えないものに感じられる。このことは，法というものが補償金支払いの問題に関わることが不可能だとか，一方の大惨事による補償額が，他の補償額より大きくなるべき，といったことを意味するものではない。たんに，ある場合には，世論の不満がより多くを要求する，というだけでのことであって，それは民主主義の本質からすれば当然なのである。その結果はまさしく同じである。すなわち，この件では，自由な発想で新しい政策を作り上げるために，何か違うことをしなければならない，というだけのことである。よく見られることであるが，ビジネスではそうはいかない。

　被害者に補償金を支払うための特別な基金が設立されたとき，あるいは，金融危機に責任に一端があると見られている経営者が，批判の的になるために召喚されたとき，世論の関心はいっそう増大する。これは，毎日起こっている日常的なことではない。今や，補償金に関する判断に，まったく新しい生命を吹き込まれることとなった。これまで私的なものだったことが，まさしく公的な色彩を帯びることとなる。世論の関心の的となるのは，1人の被害者や1人のCEOではない。何千もの犠牲者や大勢の企業経営者が，危機の影響を受ける。個別の補償金額，損害賠償額，その支払金額にどれだけのゼロが並ぶか，全体としての関心の的となる。そうしてしばしば，世論の間だけでなく，被害者や企業の間でも，激しい論争を引き起こすこととなる。

　この種の論争では，人間の本性をどう理解するかが重要な要素となる。限られた人数の被害者のために設立された特別な補償金支払いプログラムは，必然的に期待の高まりにつながる。「この基金は私のために設立されたのだ。私は，もっと多くの補償金を受け取れる，それだけの価値があるから」。その結果は，権利意識すなわち金銭を受け取るのが当然であるという確信である。違法行為もしくは大惨事における無辜の被害者や報酬パッケージのために働く企業経営者が，絶対的に善意で信じているのは，彼らには金銭，しかも他より多くの金銭を受け取る権利があり，その他にも要求し，期待する，いかなる権利もある，ということである。

このような飛躍した思考は，容易に理解することができる。最初に補償金支払いのための特別なプログラムを設立することによって，世論は，補償金の支払いを受ける者に対して，このような権利意識をもつことが正当であるとの承認をすでに与え，同胞の市民や立法担当者たちは，彼らの個々の請求権が有効であると認めたからである。同様に，報酬算定の決定が要求されている企業経営者は，たんに，大きな声で自分の権利を主張したいだけであり，受け取った金額が正当であるという言い訳をしたいだけなのである。「政府は私の価値を認めてくれたのだ。すごい！　その支払いを受けようじゃないか」，と。

こういったプログラムの管理運営を担当した者として，私はなんらかの効用を届ける，すなわち請求適格がある分を支払い，それが被害者全員に行きわたるようにし，あるいは企業が決定した役員報酬パッケージを承認する—ことを期待されていた。その期待に背いたら，私は，その請求申請と請求適格者の双方を害したとして，非難されるだろう。他方で，請求適格性に関する証拠や損害を証する書面の提出，あるいは役員報酬パッケージの比較資料の提出を要求したら，あれこれ理屈を付けて，細かいところまでコントロールする管理者だとか，少しずつしか請求を認めないで，当初予定した数字まで金額を下げることに熱心だ，といった非難にさらされることになろう。さらに問題を悪化させているのは，誰でも他人のもらう金銭を計算する，という事実である。これは，人間の持つ本性として，当然である。誰でも比較検討するのが当たり前で，他者よりも，わずかでも勝っていることが重要である。こういった特別な補償金支払いプログラム—多数の被害者のための大きな善をもたらす—を設立するに際して，「おおざっぱな正義（ラフ・ジャスティス）」は，その管理運営者や特別管理人から公正な取扱いを受けることを期待する個人にとって，ほとんど意味をなさない。彼ら自身の，個別の補償の請求は，この世で最も重要なもので，自身に認められる請求の内容だけが大事なのである。隣人が受け取る金額よりも，自身の受け取る金額が少ないと計算されると，それがまったくもって正当な理由があるとしても，激しい憤りを生じさせることになる。「なぜ私の利益に反することをするのか。なぜ私の請求の価値について疑念を呈する

のか。なぜ，他人には私より多く支払うのか」。

　この問題は，分配できる補償金額に限りがある場合に，さらに悪化する。他人が受け取る金額の計算は，無意識かつ自分に都合のいいようになされる。ただちに，ゼロサム・ゲームが連想される。「私に少ない金額を支払うということは，あなたは他の請求者に，より多く支払うに違いない」。基金の管理運営者として，私はその業務の遂行のために——とくに補償金申請者との会合では，より感情的にならなくてすむ論点として扱うために——つねに上限のない資金を有することを望んでいたのは不思議ではない。

　こういった状況では，陰謀論が飛び交うものである。繰り返しになるが，これが人間の本性につきものである。暗くて，得体の知れない力が作用して，補償金支払い手続きをだいなしにしかねないように思われることがある。たとえば「特別管理人はBPの手先だ，ワインスタイン判事の代理でしかない，大学とグルだ，ニューヨーク市長みたいだ，隠れたポピュリストで，ケネディ上院議員の側近だから，こっそりと仕組んだ階級闘争の一部として，企業がその経営者に支払う報酬を減額した」等々。

　そして，訴訟専門弁護士は，通例，そのような疑念を強める者として考慮に入れることができる。伝統的な法制度のもとで実務の訓練を受け，裁判官と陪審の支持を得ながら，法廷において個人の権利を擁護していく，と考えるため，これら弁護士は，正義の実現における弁護士の役割を矮小化するような，新しい補償金支払いプログラムを活用することはない。訴訟専門の弁護士にとって，そのような行動を取るのは自身の生活にかかわる，という議論を聞いたことがある。もちろん，そういうこともあろうが，それだけではない。訴訟専門の弁護士からの反論は，もっと深いところにある。これらの弁護士にとって，たとえばGCCFは「安上がりの補償金支払いプログラム」である。すなわち，手続保障が適切ではなく，支払い資金は不十分で，支払いの受け取りが十分ではない，からである。彼らはこのプログラムを非民主的だと認め，多数の者に対するよりも少数の者に補償金支払いをなし，それを含めて，すべてが，1人の特別管理人の裁量に依存していると批判する。

私がつねに願っているのは，理性が支配し，事実が感情を乗り越えることである。私が管理運営してきた，それぞれ固有の事情を有する補償金支払構想は，きわめて珍しいものである。それにもかかわらず，訴訟弁護士の態度は大げさで，これらの構想は，損害と賠償に関する伝統的な手法に対する脅威を与えるものではない。それらは，独自の公共政策によって設立されたものであり，当時の状況に合わせて，設計されたものである。そして，皮肉なことに，訴訟弁護士たちがその主張を弱め，熱くなった批判を引っ込めてくれれば，かえってそれらのプログラムの意義が大きくなるのである。

　他方で，特別な補償金支払いプログラムは，公正さに関する根本的な疑念を提起してしまった。生命を脅かされた大惨事の被害者のうちで，ある被害者は，なんの罪もないのに，請求適格を否定され，あるいは自分の順番がくるまで，出廷を辛抱強く待たなければならないのに，他の被害者で，金銭をいち早く受け取ることができる者がいるのはなぜか。この特別な扱いは，選ばれた少数のためだけなのはなぜか。反対に，ペイ・ツァーの命令に従った，7 企業の上位 25 人の経営者は，彼らだけが特別扱いをされたことの理由について疑念をもつのは無理もない。では，上位 50 人，あるいは上位 100 人の者についてはどうなのか。70 社あるいは 700 社ではなく，なぜ 7 社だけを対象としたのだろうか。

　これらは，やっかいな問題である。われわれの社会では，エリート主義を嫌って，法の下の平等原則を実現しようとするが，特定の人のために特別なルールを設けようとすると，簡単にはいかない。少なくともこの点において，これら特別な補償金支払いプログラムは，実際のところ，本質的に不衡平なものであるということは認めなければならない。すべての特別な補償金支払いプログラムは，限られた少数のための特別ルール，という問題に直面する点で同じである。

　これらの補償金支払いプログラムが滅多にないものとする理由がこれであり，その点は今後も維持する必要がある。

過去28年間で，私が補償金支払いプログラムの設計・管理運用を依頼されたのは，五つにとどまる。急増傾向だというにはほど遠い数字である。しかし，私が特別管理人に指名されると，私の仕事について，世間からの大きな関心と監視を呼び起こしてしまう。主な理由は，こういった事例で私が実行することは，アメリカの伝統からあまりにかけ離れているからである。もちろん，政策立案者議会がいったん補償金支払いプログラムの設置を決定すれば，そのプログラムは効果的に機能し，成功裏になされなければならない。そうなれば，当該プログラムは，その目標を達成するために形成された，健全かつ革新的な公共政策上の構想というべきである。

しかしながら，皮肉なことに，このプログラムが，まさしく成功したことによって，それが，アメリカ法の損害賠償に関する通説的かつ伝統的で，慣れ親しんでいる手法に対する異議申立となってしまうのである。このようなプログラムが9.11同時多発テロやメキシコ湾原油流出事故の後でうまく機能したのであれば，今後，大惨事が起こったら，同じく特別な補償金支払いプログラムの設置を試みるべきではないのか。このような論調はただちに，特別な補償金支払いプログラムを，例外ではなく原則とすべきである，という主張に結びつく。

現行不法行為制度を批判する者のなかには，現行不法行為制度そのものが，非効率的で，費用のかかるものとなっており，それによって，しばしば訴えられることのある個人—たとえば医者—の専門的判断を過度に抑制し，歪曲することにつながっており，正義の実現として受け容れるのは困難である。このような議論を展開して，不法行為法の改革支持を声高に主張する者もいる。また，ある者にとっては，9.11犠牲者補償基金とGCCFは，その改革案にふさわしい事例として位置づけることができるようだ。これらの補償金支払いプログラムは，不法行為法改革をより広範かつ総合的に，波及的に行うための先例として位置づけ，われわれの連邦・州・地方の裁判所すべてに影響を与えようとする考えのようである。

しかし，私はこれに賛成しない。二当事者対審構造に関与するすべての裁判

官，陪審員そして弁護士で構成されるアメリカ司法システムは，大半の事案において正しく機能している，と私は依然として信じるものである。不法行為法が例外なのではない。現行不法行為制度を批判する者はつねに，たとえば複雑で広域にわたる薬害訴訟のように，われわれの常識をはるかに越える，個々の悲惨な事例を取り上げる。しかし，これらの事例は，全国の裁判所で日々，公正かつ平等に取り扱われている何千もの口頭審理や陪審評決に比較すれば，きわめて少ない。

個々の極端な事例では，現行不法行為制度をすべて改革することにはつながらない。現行制度における欠点を修正する目的で部分的に改革すること——たとえば，同一の訴訟で何倍もの懲罰的損害賠償を制限すること，非経済的損失の填補を含めて執行すること，医療過誤事件で行政的手段に代替させること——などは，検討に値する。そこでモデルとなるプログラムを作成すれば，そのような提案の利点について検証することができる。しかし，たとえば，弁論における証明責任を転換する，州レベルの不法行為法を連邦法化する，あるいは訴訟費用の敗訴者負担ルールを採用する，といった過激な改革案には正当な根拠がない。

9.11犠牲者補償基金やGCCFを，伝統的な不法行為システムを代替する新たなシステムのモデルとみなすことよりむしろ，めったにない事例のために，不法行為システムとは別の手段として用意された「安全弁」と考えるべきであって，政策立案者が，一般的な不法行為システムでは対応できないと判断したときに，そのようなプログラムを実施すればよいのである。

これらの希少な補償金支払いプログラムが明確にしたのは，大惨事を原因とする国民全体のトラウマに対して，政府が，どのようにして効果的かつ効率的に対応できるか，ということである。それぞれのプログラムを設立させた状況に違いはあるが，すべての事例に共通する要素がある。

第一に，もっとも重要なことであるが，特定の集団のための補償金支払いプログラムを設立するのに，政治的コンセンサスと超党派の支持が必要だということである。そのようなコンセンサスがなければ，信頼に足りる補償金支払い

プログラムを実行することはできない。政策立案者からの政治的な支持は，それが裁判所，立法府，行政府のいずれか，あるいはその組み合わせからもたらされるかどうかにかかわらず，そのような支持は必須である。そのような広範囲にわたるコンセンサスを達成するのは困難で，それ自体は適切でもある。きわめてまれに生じる大惨事のために，国民的トラウマが，迅速かつその事情に応じた対応を取るよう要求する場合にのみ，用意されるべきものである。私が幼年時代を過ごしたマサチューセッツ州ブロクトンで学んだのがコミュニタリアン的倫理観であるが，大惨事の後の魂の浄化や統合のためのイベントが終了したら，今度は，そのコミュニタリアン的倫理観を再び甦らせなければならない。9.11犠牲者補償基金やGCCF，そしてウォール・ストリート救済基金は，まさにその例である。世論は行動を要求し，これらの補償金支払いプログラムの設立はその結果である。これに対して，1995年オクラホマ・シティで起こった連邦政府ビル爆破事件[80]や2005年のハリケーン・カトリーナによる被害は，そうならなかった。地元出身者によるテロや自然災害は，結果として，補償金支払いプログラムの設立につながらなかった。このように，政治的に重要な転換点に達しなければ，政府の行動を期待することはできないのである。

第二の共通点は，こういった補償金支払いプログラムは，伝統的な紛争解決手続きと並行して，設立が決められている。裁判制度のなかで設立されることはめったにない（ベトナム枯葉剤事件における和解基金設立は例外であって，ワインスタイン判事の能力と創造性に負うところが大きい）。その代わり，政府機関とほとんどつながりのない，独立した機関として設立されている。9.11犠牲者補償基金，GCCFそしてホキ・スピリット追悼基金の相対的独立性がそ

---

80) 事件は1995年4月19日の現地時間午前9時2分に発生した。9階建のオクラホマシティ連邦地方庁舎「アルフレッド・P・マラー連邦ビル」の正面玄関前に駐車していた，大量の爆発物を積んだトラックが爆発した。これにより，連邦ビルは全体のおよそ80％が破壊された。事件発生当初犯行声明などが無かったため，犯行はネオナチやイスラム過激派によるものだと推測されたが，犯人がかつてはアメリカ陸軍所属で湾岸戦争にも参戦した経験のあるアメリカ人（ティモシー・マクベイ）であった事はアメリカ中に衝撃を与えた。

のことを証明している。ティモシー・ガイトナー長官と財務省が，通常の官僚機構とは別に，TARPにもとづく役員報酬プログラムのために特別管理人の設置を決めたのも同じである。これらのプログラムのすべては，多数の政府機関に結びつける政治的に確固とした牽引力がないまま，天国と地獄の狭間に浮かんでいるようなもので，吉凶同居している。

それにもかかわらず，それらプログラムのユニークなところは，間違いなく資金調達がうまくいったという点である。これらの特別な補償金支払いプログラムにおいては，すでに資金を補償金支払いに利用できる状態にあり，また役員の報酬を決めるのに利用できる状態となっていた。その資金の源が，裁判上の和解金（枯葉剤事件），公的資金（9.11犠牲者補償基金），あるいは私的な寄付金（ホキ・スピリット追悼基金，GCCF，及び企業による役員報酬支払い）であるかを問わず，すでに利用可能となっている資金があり，時間のかかる議論なしに，処分されるのを待っていた。

効率的で迅速な，個々の補償金支払いの決定は，行政的なシステムを通じてなされることとなり，伝統的な司法的手続きを回避することとなった。法律上の細かな点，弁護士による権利擁護，法廷における正当手続保障などは，その時点での必要性――空騒ぎや面倒を最小限にして，数千人の請求適格者に支払いをなすこと――の前には譲らなければならなかった。

最後に，補償金支払いの決定が，GCCFと異なり，莫大な資金量によって大きく影響されない場合，個々の被害者が聴聞の機会をもつ権利や正式の手続きにおいて自己の意見を表明する権利を与えられていれば，そのプログラムは飛躍的に改善されることとなる。このような，対面で意見交換する機会があれば，申請者がなにか得体の知れない官僚機構のたんなる歯車になってしまったのではないか，裁判所の流れ作業になっているのではないか，という当然の感覚を和らげる効果を持つ。聴聞の機会をもつ権利は，聴聞に参加した者に，結果に対して利害関係をもつ，すなわち意思決定過程に関わったという感触を与えてくれる。それはまた，どの補償金支払いプログラムにも信頼感を高め，支払いを受けた者に，補償金支払いの取り組みには民主的基礎を有することを想

起させる。

　結局のところ，民主的，ポピュリスト的な基盤があることが，こういったプログラムの中核をなす。人為的な全国規模の災難のすぐ後に金銭が支払われようと，また企業行動の行き過ぎに対するポピュリストの怒りの軌跡をたどることができる補償金支払いプログラムであろうと，こういったプログラムは，なんらかの政府の対応を強く求める世論——選良が代弁する——を唯一の理由として設立されたものである。明日，ではなく，今日のために。手続きの細かなところは，そのような任務を誰に委譲するかについて，事後的に検討したところにしたがって，後から決まってくるだろう。しかし，現時点では，まずは被害者に現金を交付すること，役員報酬の額を確定すること，そして危機に迅速かつ効果的に対処することが重要である。

　世論はこのことをよく理解している。国民からの承認は，補償金支払いの取り組みに対する，直接の正当性を付与するものである。大惨事から個人的には心を動かされなかったアメリカ国民であっても，その何百万人かは「運命としかいえない。ワールド・トレード・センター，バージニア工科大学のキャンパスやメキシコ湾岸にはいなかった。ウォール・ストリートで働いていなかった。私は幸運な者の１人だ」ということは認めている。これらの補償金支払いプログラムは，この種の集団的な一般市民の同情から生まれたものである。

　ある補償金支払いプログラムが期待通りに機能したとすれば，最後には，しぶしぶではあっても，請求者自身からの賞賛をもたらすことは確実である。このような好意的意見は，なかなか得られないし，時間が経過してからやってくる。これらのプログラムの開始後数ヶ月は，怒りと不満が直接ぶつけられるのが当然である。感情が支配するからである。しかし，お金が流れるようになり，一つ一つの決定が公正になされていることが，時間がたつにつれて明らかになると，カメレオンのように態度が急変し，私が彼らの敵ではなく，私の能力をふりしぼって，公共的な政策を実行しているだけであると理解するようになる。

　この補償金支払いプログラムに関わる個人に対しては，彼らの怒りと不満の

行き先を，私ではなく政策立案者に向けるよう，つねに再認識させようとしている。特別管理人として，私は，特別法，政府規則，裁判所の命令，エスクロー契約あるいはその他，私に権限を与える根拠となっている指令にもとづき，言われたことをやっているだけである。すなわち，法が私の権限を確立し，私は法に従うのみである。

　私は，過去の経験と成功から，こういったユニークなプログラムの構想を設計し，管理運営するために選任されてきた。過去の成功がさらなる仕事を生み出す。請求適格者と補償金額を判断するときに，過去に取り組んだ経験があることが，私に対する信頼をもたらす源泉となっている。現在の任務では，私が唯一，効果的で，信頼できる人間である，ということを耳にする人がいるのは確かである。間違った行動もあれば，大きな過ちもあり，失敗もあった。そう，私は過去の存在なのだ。私が得ている信頼感などというのは，今だけのものであり，壊れやすいものである。請求者の「最近，私に何をしてくれたのか」という直接的な質問は，私が過去にしたことへの信頼を考慮していない。今だけが問題なのだ。

　重要なのは，批判とストレスに立ち向かい，感情のるつぼとなっている場所で効果的に働くのに必要な人格と特質——特別に配慮するために選ばれた人びとの窮状に対する共感と感受性，そして批判に対する自信と断固たる態度——である。私の補償金支払いの決定に心を乱して，異議を唱える被害者や企業の役員と面談したときに，そのような批判を甘んじて受けた。人生の不公正さというのは，通常，彼らの怒りの真の源泉である。受け取った補償金の性質がどういうものかは，二の次なのだ。

　ところが，批判が攻撃に変わると，戦略的に一時撤退することというのが，選択肢ではなくなる。そのときは，自信と断固たる態度が美徳となる。あなたが複雑な政策上の実験を進めようというとき，言われっぱなしになっている自分を許すことはできないだろう。世論はつねに，その任務の困難さに対して，支援を惜しまないし，よく理解しているものである。

　これまでの私の業務について興味深い事実を，誇りをもってお伝えしよう。

すなわち，私に向けられた悪罵は，ときとして痛烈で，私個人に対するものであったが，私が無能であるとのレッテルを貼られたことはなかった。私が非難されたのは，被害者に対して無神経で，同情が足りないとか，あるいは，何か隠された目的をもって業務を遂行するのに，頭が切れすぎる，または，あまりにも利口である，といったものである。こういった言いがかりについては，しようと思えば，きちんと反論できる。しかし，私の仕事に関する異論に対して，私が誠実に努力し，まじめに取り組んだことを反論として提出する必要はなかった。なぜなら，事実それ自体が証明しているからである。

そして，私の任務が終了し，自身の法律実務に戻ったとき，終わったばかりの補償金支払いに関する仕事は，これで最後だ——特別管理人やその運営者として，もっとも興味深く，やりがいのある経歴の最終章を飾る——という，ささやかな希望が見える。しかし，そうなることはなかった。この数ヶ月間に，まだGCCFの運営に関する業務を遂行している最中だというのに，この種の補償金支払いプログラムへの支援を，再び要請されたのである。

インディアナ州のミッチ・ダニエルズ知事とグレッグ・ゼラー司法長官からの電話だった。彼らは，州展示館が暴風によって崩壊したため[81]，7人が死亡し，負傷者が多数となった事件の被害者を救済するための補償金支払いプログラムを設計し，管理運営してほしい，と私に依頼してきた。私はただちにインディアナポリスに出張し，州関係者と協議することとした。

また別の日には，別の依頼の電話があった。コネチカット州のダンネル・マロイ知事からである。異常な吹雪に襲われて，何万人もの住民が電気を使用することができなくなった。電力会社は，請求適格のある住民に金銭的補償を提供する用意があった。しかし，どのような基準にもとづいて，誰を請求適格者と認定すべきなのか。その補償金支払いは，請求書において還付のかたちでなされるのか，あるいは現金を実際に交付するかたちになるのか。電力会社も州

---

[81] 2011年8月13日，インディアナ州フェアのイベントとして行われていた野外コンサートで，雷を伴う暴風がパビリオンを直撃し，ステージが倒壊したため，5人が死亡，45人以上が病院に運ばれる事故となった。

知事も，そのような仕組みを設計するのは容易ではなかった。私に何かできることはありますか？　いいでしょう，やってみましょう（請求書上に還付を明記する方法とする。現金交付という方法は採用しないことにする）。

　さらにまた別の日の午後，今度は，ペンシルバニア州立大学の関係者からの架電があった。同大学が，過去数十年のうちで，もっとも忌まわしい子供の性的虐待事件に巻き込まれたというのである。同大学は，被害者とされる者のために，なんらかの補償金支払いプログラムを設立することを検討すべき，というのが唯一の選択肢である。そのようなプログラムにいくらの資金を要するだろうか。賛成・反対の意見はどうなるだろうか。私は，黄色い法律用箋をつかんで，アイデアを並べることを始めた。

　こういった努力で同胞を支援するのは，私が責任ある市民としての務めを果たす方法の一つである。批判，恨みや誤解の的になることは，こういう仕事につきものである。味方を結集し，批判の襲来に備えよ。前進して，補償金支払いプログラムの指示に従うべし。その仕事をするために指名されたという認識があれば，自分で決断することができる。それが正しい。そして，内心では，これが最後の仕事になるとは思っていないだろう。そう，人生に不運はつきものだから。

付　　　録

　以下に示す数字は，私がこれまで設計・管理運営してきた補償金支払いプログラムのデータである。この付録には，GCCFの機構図も掲載しておく。

枯葉剤の和解基金プログラム
- 化学メーカーから拠出された資金：$243,375,926
- ベトナム帰還兵補償金支払いプログラムへの分配額（被害者個人への損害賠償分）：$172,775,853
- オーストラリア・ニュージーランドの原告に支払われた額：$5,000,000
- ベトナム帰還兵支援プログラムに分配された額：$42,000,000
- 原告弁護士費用：$13,825,000
- 将来の訴訟に対する留保分：$10,000,000

9.11犠牲者補償基金
- 支払総額：$7,049,415,536.64
- 死亡した犠牲者の数：2,880
- 遺族に対する平均支払額：$2,082,035.07
- 身体に傷害を負った者の数：2,680
- 傷害を負った者に対する平均支払額：$392,968.11

ホキ・スピリット追悼基金
- 寄付による資金総額：$7,074,377
- 死亡した犠牲者の数：32
- 遺族に対する支払額：$208,000
- 傷害を負った被害者および射殺現場に居合わせた者の数：48
- 傷害を負った被害者および射殺現場に居合わせた者に対する平均支払額：$35,668.75

TARP 役員報酬プログラム

TARP 資金の提供を受けた AIG，バンク・オブ・アメリカ，クライスラー，クライスラー・フィナンシャルグループ，ゼネラル・モータース，GMAC 各社の上位 25 人の役職の報酬に関するデータを掲げる。

- 最高位者 – TARP 資金から直接支払った 2009 年度分の報酬（現金支給分，ストック・オプション，譲渡制限条項付き自社株を含む）：＄10.5 million
- 次席者 – 2009 年度報酬分：＄100,000
- 平均的役職者 – 2009 年度報酬分（上位 25 人以外の役職者で，現金支給の基本給を含まない報酬パッケージを受け取る者）：約＄2.5 million
- 前年比（TARP 以前の 2008 年度支給分と 2009 年度 TARP 支給分の差）：－47.9%

メキシコ湾岸地域被害者補償基金

- 基金拠出分：＄20,000,000,000
- 支払総額：＄6,139,000,000
- 請求申請者総数：574,881
- 緊急前払い申請者数：169,203
- 即時払い確定分申請者数：128,172
- 仮払い申請者数：35,261
- 確定払い申請者数：67,143
- 申請却下された者の数：420,430

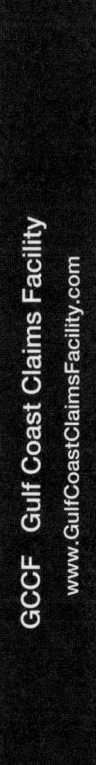

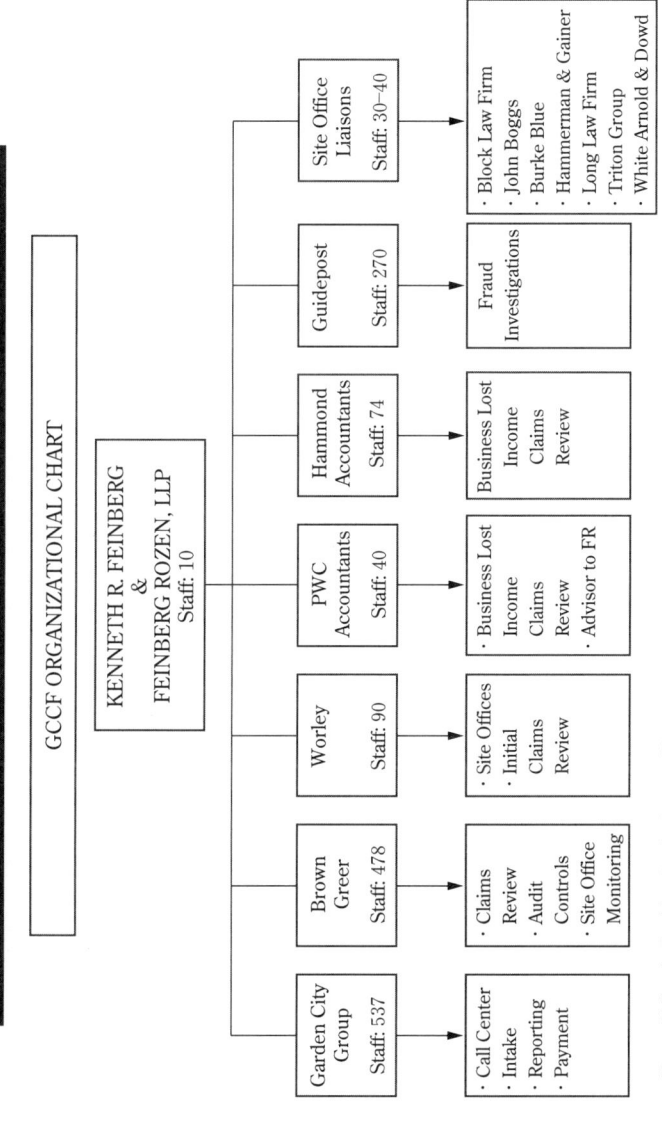

付　録　205

GCCF Gulf Coast Claims Facility
www.GulfCoastClaimsFacility.com

GCCF ORGANIZATIONAL CHART

KENNETH R. FEINBERG & FEINBERG ROZEN, LLP
Staff: 10

- **Garden City Group** — Staff: 537
  - Call Center
  - Intake
  - Reporting
  - Payment

- **Brown Greer** — Staff: 478
  - Claims Review
  - Audit Controls
  - Site Office Monitoring

- **Worley** — Staff: 90
  - Site Offices
  - Initial Claims Review

- **PWC Accountants** — Staff: 40
  - Business Lost Income Claims Review
  - Advisor to FR

- **Hammond Accountants** — Staff: 74
  - Business Lost Income Claims Review

- **Guidepost** — Staff: 270
  - Fraud Investigations

- **Site Office Liaisons** — Staff: 30–40
  - Block Law Firm
  - John Boggs
  - Burke Blue
  - Hammerman & Gainer
  - Long Law Firm
  - Triton Group
  - White Arnold & Dowd

Note: Citibank–Banking Institution used by GCCF

著者略歴

Kenneth R. Feinberg
1945年生まれ。ファインバーグ・ローゼン法律事務所（ワシントンDC）代表。ジョージタウン大学ローセンター特任教授。1967年，マサチューセッツ大学卒業。1970年，ニューヨーク大学法科大学院修了（法務博士）。1970-1972年，ニューヨーク州控訴裁判所長官スタンリー・ファルド判事のもとで調査官。1978年から現在まで，ジョージタウン大学ローセンター特任教授。

訳者略歴

伊藤　壽英（いとう　ひさえい）
1955年生まれ。2004年から，中央大学法科大学院・教授。日本比較法研究所・所長（2014年から現在）。1980年，中央大学法学部卒業。1982年，同大学院法学研究科博士前期課程修了。1987年，同博士後期課程満期退学。1995-2004年，中央大学法学部教授。1997年，オーストラリア国立大学交換教授。2003年，デューク大学法科大学院客員研究員。2014年，ジョージタウン大学ローセンター客員研究員。専門は商法。

大惨事後の経済的困窮と公正な補償
請求適格者と補償金額の決定について
日本比較法研究所翻訳叢書（72）

2016年3月30日　初版第1刷発行

訳　者　伊藤　壽英
発行者　神﨑　茂治

発行所　中央大学出版部

〒192-0393
東京都八王子市東中野742-1
電話042(674)2351・FAX 042(674)2354
http://www.2.chuo-u.ac.jp/up/

© 2016　伊藤壽英　　ISBN 978-4-8057-0373-1　　株式会社千秋社

日本比較法研究所翻訳叢書

0	杉山直治郎訳	仏 蘭 西 法 諺	B6判 (品切)
1	F. H. ローソン 小堀憲助他訳	イギリス法の合理性	A5判 1200円
2	B. N. カドーゾ 守屋善輝訳	法 の 成 長	B5判 (品切)
3	B. N. カドーゾ 守屋善輝訳	司 法 過 程 の 性 質	B6判 (品切)
4	B. N. カドーゾ 守屋善輝訳	法律学上の矛盾対立	B6判 700円
5	P. ヴィノグラドフ 矢田一男他訳	中世ヨーロッパにおけるローマ法	A5判 (品切)
6	R. E. メガリ 金子文六他訳	イギリスの弁護士・裁判官	A5判 1200円
7	K. ラーレンツ 神田博司他訳	行為基礎と契約の履行	A5判 (品切)
8	F. H. ローソン 小堀憲助他訳	英米法とヨーロッパ大陸法	A5判 (品切)
9	I. ジュニングス 柳沢義男他訳	イギリス地方行政法原理	A5判 (品切)
10	守屋善輝編	英 米 法 諺	B6判 3000円
11	G. ボーリー他 新井正男他訳	〔新版〕消 費 者 保 護	A5判 2800円
12	A. Z. ヤマニー 真田芳憲訳	イスラーム法と現代の諸問題	B6判 900円
13	ワインスタイン 小島武司編訳	裁判所規則制定過程の改革	A5判 1500円
14	カペレッティ編 小島武司編訳	裁判・紛争処理の比較研究(上)	A5判 2200円
15	カペレッティ 小島武司他訳	手続保障の比較法的研究	A5判 1600円
16	J. M. ホールデン 高窪利一監訳	英国流通証券法史論	A5判 4500円
17	ゴールドシュテイン 渥美東洋監訳	控 え め な 裁 判 所	A5判 1200円

日本比較法研究所翻訳叢書

18	カペレッティ編 小島武司編訳	裁判・紛争処理の比較研究(下)	A5判 2600円
19	ドゥローブニク 他編 真田芳憲他訳	法社会学と比較法	A5判 3000円
20	カペレッティ編 小島・谷口編訳	正義へのアクセスと福祉国家	A5判 4500円
21	P. アーレンス編 小島武司編訳	西独民事訴訟法の現在	A5判 2900円
22	D. ヘーンリッヒ編 桑田三郎編訳	西ドイツ比較法学の諸問題	A5判 4800円
23	P. ギレス編 小島武司編訳	西独訴訟制度の課題	A5判 4200円
24	M. アサド 真田芳憲訳	イスラームの国家と統治の原則	A5判 1942円
25	A. M. プラット 藤本・河合訳	児童救済運動	A5判 2427円
26	M. ローゼンバーグ 小島・大村編訳	民事司法の展望	A5判 2233円
27	B. グロスフェルト 山内惟介訳	国際企業法の諸相	A5判 4000円
28	H. U. エーリヒゼン 中西又三編訳	西ドイツにおける自治団体	A5判 (品切)
29	P. シュロッサー 小島武司編訳	国際民事訴訟の法理	A5判 (品切)
30	P. シュロッサー他 小島武司編訳	各国仲裁の法とプラクティス	A5判 1500円
31	P. シュロッサー 小島武司編訳	国際仲裁の法理	A5判 1400円
32	張晋藩 真田芳憲監修	中国法制史(上)	A5判 (品切)
33	W.M. フライエンフェルス 田村五郎編訳	ドイツ現代家族法	A5判 (品切)
34	K. F. クロイツァー 山内惟介監修	国際私法・比較法論集	A5判 3500円
35	張晋藩 真田芳憲監修	中国法制史(下)	A5判 3900円

日本比較法研究所翻訳叢書

36	G. レジェ 他／山野目章夫 他訳	フランス私法講演集	A5判 1500円
37	G. C. ハザード 他／小島武司 編訳	民事司法の国際動向	A5判 1800円
38	オトー・ザンドロック／丸山秀平 編訳	国際契約法の諸問題	A5判 1400円
39	E. シャーマン／大村雅彦 編訳	ADRと民事訴訟	A5判 1300円
40	ルイ・ファボルー 他／植野妙実子 編訳	フランス公法講演集	A5判 3000円
41	S. ウォーカー／藤本哲也 監訳	民衆司法——アメリカ刑事司法の歴史	A5判 4000円
42	ウルリッヒ・フーバー 他／吉田豊・勢子訳	ドイツ不法行為法論文集	A5判 7300円
43	スティーヴン・L. ペパー／住吉博 編訳	道徳を超えたところにある法律家の役割	A5判 4000円
44	W. マイケル・リースマン 他／宮野洋一 他訳	国家の非公然活動と国際法	A5判 3600円
45	ハインツ・D. アスマン／丸山秀平 編訳	ドイツ資本市場法の諸問題	A5判 1900円
46	デイヴィド・ルーバン／住吉博 編訳	法律家倫理と良き判断力	A5判 6000円
47	D. H. ショイィング／石川敏行 監訳	ヨーロッパ法への道	A5判 3000円
48	ヴェルナー・F. エプケ／山内惟介 編訳	経済統合・国際企業法・法の調整	A5判 2700円
49	トビアス・ヘルムス／野沢・遠藤訳	生物学的出自と親子法	A5判 3700円
50	ハインリッヒ・デルナー／野沢・山内 編訳	ドイツ民法・国際私法論集	A5判 2300円
51	フリッツ・シュルツ／眞田芳憲・森光訳	ローマ法の原理	A5判 (品切)
52	シュテファン・カーデルバッハ／山内惟介 編訳	国際法・ヨーロッパ公法の現状と課題	A5判 1900円
53	ペーター・ギレス／小島武司 編	民事司法システムの将来	A5判 2600円

日本比較法研究所翻訳叢書

54	インゴ・ゼンガー 古積・山内 編訳	ドイツ・ヨーロッパ民事法の今日的諸問題	A5判 2400円
55	ディルク・エーラース 山内・石川・工藤 編訳	ヨーロッパ・ドイツ行政法の諸問題	A5判 2500円
56	コルデュラ・シュトゥンプ 楢崎・山内 編訳	変革期ドイツ私法の基盤的枠組み	A5判 3200円
57	ルードフ・V.イェーリング 眞田・矢澤 訳	法学における冗談と真面目	A5判 5400円
58	ハロルド・J.バーマン 宮島直機 訳	法と革命 II	A5判 7500円
59	ロバート・J.ケリー 藤本哲也 監訳	アメリカ合衆国における組織犯罪百科事典	A5判 7400円
60	ハロルド・J.バーマン 宮島直機 訳	法と革命 I	A5判 8800円
61	ハンツ・D.ヤラス 松原光宏 編	現代ドイツ・ヨーロッパ基本権論	A5判 2500円
62	ヘルムート・ハインリッヒス他 森 勇 訳	ユダヤ出自のドイツ法律家	A5判 13000円
63	ヴィンフリート・ハッセマー 堀内捷三 監訳	刑罰はなぜ必要か 最終弁論	A5判 3400円
64	ウィリアム・M.サリバン他 柏木昇他 訳	アメリカの法曹教育	A5判 3600円
65	インゴ・ゼンガー 山内・鈴木 編訳	ドイツ・ヨーロッパ・国際経済法論集	A5判 2400円
66	マジード・ハッドゥーリー 眞田芳憲 訳	イスラーム国際法 シャイバーニーのスィヤル	A5判 5900円
67	ルドルフ・シュトラインツ 新井 誠 訳	ドイツ法秩序の欧州化	A5判 4400円
68	ソーニャ・ロートエルメル 只木 誠 監訳	承諾，拒否権，共同決定	A5判 4800円
69	ペーター・ヘーベルレ 畑尻・土屋 編訳	多元主義における憲法裁判	A5判 5200円
70	マルティン・シャウアー 奥田安弘 訳	中東欧地域における私法の根源と近年の変革	A5判 2400円
71	ペーター・ゴットバルト 二羽和彦 訳	ドイツ・ヨーロッパ民事手続法の現在	A5判 2500円

＊価格は本体価格です。別途消費税が必要です